すべてを内包する禅宇宙へ

創造の法則

Law of Creation

既に願いが叶っている「魂の設計図」を生きる方法

奥平亜美衣　阿部敏郎
Amy Okudaira　Toshiro Abe

ヒカルランド

まえがき

阿部敏郎

精神世界の真実というものは普遍的なものなのですが、私たちはなんでもブームにしてしまい、それが過ぎると忘れ去ってしまいます。

「引き寄せの法則」というのもその一つで、これは役に立ちそうだとばかりワッと飛びついて、ブームが下火になると、まるで何もなかったかのように終わってしまいます。

ブーム現象の落とし穴は、ここぞとばかりに玉石混交《ぎょくせきこんこう》の情報が出回り、その結果真実の精度が落ちてしまうこと。

「引き寄せの法則」の中にも、ずいぶん乱暴な説を振りかざしたものがありました。

何が何でも強く願えとか、わき目を振らずに願い続けろとか、念の力で願ったものを引き寄せるというのがその代表です。

そもそもこの「引き寄せる」という言葉自体が誤解を生じさせました。

この言葉には、遠くのものを自分に引き寄せるというニュアンスがあり、自分と自分以外のものという二元的な発想があります。

しかし引き寄せの法則の原点は、「すべては自分自身である」「自分こそが全体そのものである」という非二元の世界にあります。

したがって、「引き寄せる」のではなく「創造する」という言葉のほうがずっと真実になります。

もし引き寄せ関連の最初の本が、「創造の法則」と名付けられていたら、人に与えた印象は大きく違っていたことでしょう。

そして多くの人が真実の自分を知り、そのうえでこの地上世界を自由に生きていく手掛かりを得たかもしれません。

奥平亜美衣さんとのこの対談は、まさにこのことを明確にし、だれもが原点に戻って自分の人生を自由に創造していくことを目的に開催しました。

僭越《せんえつ》ながら、奥平さんも僕も仮説や理論を語っているのではありません。

自らの生き方を通して確信した事実をただ報告しているだけです。

ここで少し自分の話をします。

僕は子供の頃から何のとりえもないごく普通の人間として育ちました。

若いころは人並みの苦労もしましたが、披露できるような特別なものではありません、どこにでもいる凡夫《ぼんぷ》であり、典型的な怠け者としてノホホンと生きてきました。

それがある時、この宇宙全体が自分自身だったという非二元の真実にいきなり包まれたのです。

そこから人生観が一変してしまいました。

人生を生きていた「分離した自己」など存在せず、すべては宇宙全体の表れだったと気がついたのです。

その瞬間、肩に背負っていた荷物が抜け落ちました。

全体であると同時に、個として存在している不思議。

これは明らかな矛盾なのですが、宇宙は人間の合理的な考えなど相手にしません。

事実として我々はこのように存在しているのですから。

このことが「引き寄せの法則」、いや「創造の法則」を生き始めるきっかけになりました。

心で願ったことは遠からず全体（宇宙）が創造しだすという確信を持ったのです。

だって自分の心は宇宙の心だから。

そして森羅万象を創造しているのは宇宙だから。

この本があなたの考え方を一変し、自由で喜びに満ちた人生の創造に役立ってくれることを願っています。

２０２１年２月　　天河にて

もくじ

Part 1

「非二元」と「引き寄せの法則」が創造する新しい生き方

本来の自分を取り戻そう　17

★いいことが起きた分だけ悪いことが起きるのか
★病気が治らないときどういう心境でいればいいか
★非二元の一瞥体験を知りたい
★商品やサービスをもっと売りたいときの引き寄せの方法
★相手が変わらないときどういう心持ちで接すればいいか
★目覚めてすぐにネガティブな潜在意識に入ってしまう
★欲しいものを買うとおカネは減って不安になる
★1年前に仕事をやめたことに後悔している
★奥平さんと阿部さんのお話が楽しくて大好き
★やめたいと思っていたら先方からご破算の連絡が
★諭吉瞑想はどれぐらいの頻度でやればいいか
★お金の引き寄せ方について
★天職に転職したい

Part 3

「存在の真理」と「引き寄せの法則」が語る意識の世界

魂の望みに目覚めるために　129

カバーデザイン　重原隆
編集協力　宮田速記
本文イラスト　浅田恵理子
校正　麦秋アートセンター

Part 1

本来の自分を取り戻そう
「非二元」と「引き寄せの法則」が
創造する新しい生き方

2019年7月 東京・両国にて

「非二元」と「引き寄せの法則」が融合した次なる世界

阿部敏郎　こんにちは。きょうのテーマは「非二元と引き寄せの法則」です。このタイトルは結構インパクトがあります。「非二元」と「引き寄せの法則」は、一見結びつかないような気がしますが、よくよく考えてみたら、今までこのテーマであまり語られてこなかったことのほうが不思議です。だって本来、引き寄せの法則は、まず非二元の真実ありきから出てきている発想ですから。

奥平亜美衣　引き寄せの法則というと、何か願望を設定して、そこに向かって自分で努力して頑張っていくというイメージがどうしてもあります。「引き寄せの法則」の本質というのは「常に今の自分と同調するものを引き寄せる」ということですが、なぜそうなるのかと言うと、目に見えるものは、目に見えないものと同等であり（色即是空）、個としての「私」と全体としての「私」は一体だからです。そして、基本的に私は、エイブラハムの引き寄せの法則しか読んだことがないので、ほかのことはわからないのですが、エイブラハムの引き寄せの法則は、読めば読むほど禅の世界です。いかに今、いい状態になるか、自分が幸せになるか、周りに左右されずに自分の考え方、見方を選択していくことによって、いかに毎日の中に輝きを見つけるかというところは全く禅の世界です。

阿部　禅の世界というのは、自分というものに対する権威をもう一回取り戻すところから始まるわけです。大抵我々は、自分以上の者がこの世の中にあって、そこに向かって自分も努力して到達しなければいけないとか、あるいはそういう人たちからの教えを聞かなければいけないとか、そんなふうにしてすごいと思ってしまった存在から自分のことを一段下げてものを考えやすい。でも禅は、あらゆる権威を排除して、おのれの権威というものを確立しろと言う。したがって、例えば坐禅《ざぜん》をしていて途中で釈迦《しゃか》が出てきたら、そいつを殺して前に進めと言うわけです。

普通の宗教だと、そんなお方が出てこられたのは、あなたのふだんの修行のたまものですよとか言います。でも禅はそうではない。そいつを殺して前に進め、なぜならそれは単なるおまえのイメージだからと。そしてたとえ釈迦だろうと、自分よりも上の存在を1つもつくるな。1個でも自分より上をつくると、必ず自分より下をつくるから、上下という比較の世界に入ってしまう。禅は、まずそこから始まるわけです。

ところが、禅／ZENサンガという禅の学校をやっている僕がこんなことを言うのもおかしいですか、禅だけで人を救うのは難しい。それはおのれを確立しただけの話で、確立したおのれがどう展開していくのかの具体的な部分がない。実際に「今ここ」というのは、静止しているわけではない。生きているわけだから、常に「今ここｉｎｇ」なんです。そのｉｎｇの方向性をどうつけていくか。ここに僕は引き寄せの法則の偉大なアイデアがあると思っているわけです。だから僕は、これからは禅サンガの名称も、「禅（引き寄せ）」と書こうかと思っているのです（笑）。それを向《むかい》（令孝《れいこう》）さんとも話していて、「禅だけで止まっちゃいけないね。展開しなきゃ」。でも、まずは自分というもののしっかりとした土台をつくる。ここができてない人が多いから、ここはやる。その後どうするかといったときに、「奥平亜美衣でしょう」という話をしていた。

奥平 やっぱり生きている以上、みんな幸せに楽しく生きたいわけです。

阿部 そうなの。僕なんか大上段から「実は我々の存在の本当の姿はね」なんて話ばかりしてきたけれど、そんな話を聞いただけでは幸せにならないものね。「ああ、そうですか。そんなことよりお金持ちになりたい」という話でしょう（笑）。

奥平 ただ、そこがわかっているからこそ、引き寄せがスイスイ進む。それが私も最近ようやくわかってきました。引き寄せの本を読んだだけでサッとできる人もいるし、そうでない人もいるわけです。その違いはどこから来るかというと、自分という存在がどういう存在なのか、完璧にわからなくても、少しでもわかっていると速いです。

阿部　そこがきょうのテーマですよね。

奥平　エイブラハムの話に戻りますが、引き寄せは、どうしても頑張って山登りするみたいなイメージがありますが、エイブラハムが伝えていることは、流れに任せる。流れに任せていれば、勝手にたどり着くという川下り型なんです。そのコツは、頑張って引き寄せようとするのではなくて、引き寄せようとしなければしないほど、引き寄せるということです。

阿部　ここが並の神経だと理解できない。やっぱり抵抗するわけです。なぜかというと、我々は幼少のころから、自力で頑張れとたたき込まれてきている。自分が世の中をしっかり理解して、その上でどう生きたらいいか自分で決めて、自分の力で物事を実現していくんだということをたたき込まれているから、何もしないで、ただ任せていればいいというのは、ハイ、そうですかとはいかないわけです。

自分基準の望みを持つことが大切な鍵に

奥平　ただ、先ほどおっしゃっていた自分の確立については、頑張るというのとはちょっと違いますが、意識してやる必要があります。それさえできていれば、あとは何が起こるかとか、そのあたりは本当に流れです。自分で何もしなくても、本当に勝手に来ます。

阿部　禅が求めている絶対的な自己、何にもよらない、周りの出来事や意見に左右されないという感覚は、ある種の生き方の習慣として培っていけるものだと思っています。どういうことかというと、結局は物事を決めるとき、物事を判断するときに、自分基準で判断しているのか、あるいは周り基準で判断しているのか。ここにいつも、いつも気づいていれば、もう自己の確立はできたと同じです。

多くの場合、私はこうしたいというところを生きるのではなくて、これをしたら周りはどう見るだろうかとか、人はどう言うだろうかとか、要は自分の気持ちではない基準でモノを選んでいる人が多い。相当多い。

奥平　ほとんどですね。

阿部　特に日本は、いいも悪いもなく、和で生きていこうとする。農業の国だから、それが我々の中にＤＮＡとして染みついています。周りから浮いてはいけない、周りと違ってはいけないというのが、どこかで強迫観念のようにしてある。それがなかなか自分基準で物事を選べない原因の１つだと思います。

奥平　その状態でみんな望みを抱いてしまう。

以前いただいた質問で、「私はもっときびきびした人になりたいのですが、例えばドラマとか漫画とかはのんびりしたのが好きです。そういうのは読まないほうがいいですか」みたいなのがありました。

阿部　関係ないよね。

奥平　そうなんです。よくよく話を聞いてみると、なんできびきびしたいかというと、そのほうが会社で認められるからという理由でした。

阿部　働いているふうに見えるものね。

奥平　それで給料が上がるとか、そういう理由です。「あなたは、本当は望んでないでしょう」と言うと「いや、でも望んでいるんです」。「でも、それは評価でしょう」と言ったら、「そうかもしれない」と、何回かやりとりして、やっと気づく。そんな感じで自分の望みを勘違いしてしまっている人が本当にたくさんいます。

阿部　自分が本当に自分基準で選んでいるのか、あるいは他者基準で選んでいるのか、それさえも麻痺《まひ》してわからなくなっている人もいる。

奥平　自分基準で望みを抱いていたら、それは本当にかなっていきます。心と頭が同じ方向を向いている、大きな自分とここにいる自分が同じ方向を向いているからです。ただ、みんな、そこがずれてしまっているのです。

阿部　今も、実は全員がかなっちゃっている。引き寄せの法則というのは、誰かに作用して、誰かに作用しないとか、こういうときは作用するけれど、こういうときは作用しないではなくて、ありとあらゆる事象に対して、どんなタイミングにおいても、常に引き寄せが起きているから、こうやって人生が展開しているわけです。それが今言ったように、自分が望んでいる基準が違うと、結局、自分が欲しくないものを実現しているわけです。そういう人の数のほうが圧倒的に多い。

奥平　本当に望んでいるものを引き寄せているか、望んでないものを引き寄せているかの違いはあれど、全員、既に今、もう引き寄せの達人です。

阿部　そう、学ぶことは何もない（笑）。結局、我々の伝えたいのは、どのように引き寄せるかというのもあるけれど、それ以前に、意図的に引き寄せるのか、あるいは無意識に引き寄せるのか、そのことの違いをまず明確にして、意図的に引き寄せるのだったら、こういうふうにしていったらいいですよというアドバイスだよね。

奥平　皆さん、無意識に望まないことを考え過ぎているから、望まないことが来るだけであって、そこを選択していけば、望むものが来るようになります。

阿部　そのとおりなんだけど、結局のところ、にわかには信じがたいわけです。だって今まで自分たちが信じてきたものと違うから、そんなことで引き寄せられたら、誰だって苦労しないじゃないと思うのが人情だと思う。

奥平　でも、自分の思考を観察しているとわかります。1日は長いかもしれないけれど、半日でもいいから自分が何を考えているかを意識して過ごすと、どれほど望まないことを考えているかわかると思います。

阿部　例えば、6時間のうち5時間ぐらいは何かに対する批判や文句を言っている。

奥平　しんどいなとか……。

阿部　自分を批判したり、周りを批判したり。

奥平　そうですね、周りがどうこうとか。

引き寄せの法則が伝える21世紀型の宗教性

阿部　今ふと思ったのは、これからお話ししようとする内容もそうなんだけど、引き寄せの法則というのは、ナポレオン・ヒルとかマーフィーの法則とか、昔から結構言われてきたわけです。それが2000年代に入って、『ザ・シークレット』とか海外のコンテンツで第一次ブームというのがありました。

奥平　2006~2007年ぐらいですね。

阿部　エスター・ヒックスさんが、エイブラハムという謎の……。あれは大勢の集まりなんでしょう？

奥平　ウーン、まあ、そうですね。一応、意識集合体みたいな。

阿部　人ではないのですね。

奥平　人ではないというか、宇宙的存在というか、よくわからない。高次元の存在です。

阿部　よくわからないけど、そういうのがある。それを最初に紹介してくれて、第一次ブームがちょっとありました。

奥平　はい。でもそのときは、私は引き寄せの法則を全く知らなかったです。

阿部　それで、第二次ブームというのはいつのことを言うの？

奥平　一応、２０１４年、２０１５年。

阿部　あなたが出てきたとき。あなたが第二次ブームの牽引《けんいん》というか。

奥平　牽引じゃないです。ただ、私が２０１４年に本を出して以来、とにかくスピリチュアル関連の出版業界がそれ一辺倒になったんです。

阿部　やっぱりそのブームをつくり出したのはあなたなんだ。

奥平　いや、結果的に、後から見たら、本の冊数とか売れ方とかが……。

阿部　やっぱりあなたの『「引き寄せ」の教科書』本が影響したんだ。自慢するならする、しないならしない（笑）。でも事実、そういうことがあった。あなたは奥ゆかしいから言わないけど。

奥平　事実を語っただけ。

阿部　それが第二次で、第三次というのはあるの？

奥平　いや。

阿部　今は第二次ブーム中？

奥平　今はちょっと落ち着いているらしいです。

阿部　僕は、実際これからだと思う。本当にこれからだと思う。今まではまだ一部のスピリチュアルが好きな人とか、そういう人たちの間で言われていたけれど、これからは例えば科学者であるとか、あるいは実業家であるとか、そういういわゆる社会の人たちが、これは本当だということに目覚め始める時代が来ると僕は思っています。それは同時に、実は今まで宗教がやろうとしたことを全部含んでいるのです。

宗教というのは何かといったら、宗教性を説くことです。宗教性とは何かというと、我々が何者であるかということの解明なんです。そこに神という言葉を使ったり、宇宙という言葉を使ったり、いろいろしているだけの話です。

引き寄せの法則というのは、例えば宗教が言っている悟りとか、そういうことを前提として展開している話なわけです。ところが悟りの部分はあまりなじんでないから、そこは横に置いといて、こっちだけで学ぼうとしているのが今までのブームだったような気がします。だからうまくいかない人もいっぱいいるわけです。

あなたときょう、対談させてもらうので、僕は珍しく本を買って、エスターさんたち、謎の集合意識が言っていることを読みました。そうしたら彼らは、まさに禅が言いたいことを本当は言いたくて、引き寄せの部分は、言葉は悪いけどエサのような部分だった。もちろんそれによって我々は豊かになるから、そのことも伝えたいわけですが、あの集合意識が一番伝えたいのは、あなたは本当は何者であるかということなんだなということがすごく伝わってきた。それですごく好感を持って、同じじゃないかと。しかもプラス、どうしたら幸せになれるかまで説いているということは、21世紀の宗教はこれだと（笑）。

奥平　すごい壮大な話になってきた。

阿部　あなたには、ぜひ教祖になってもらいたい（笑）。

21世紀型の宗教性は、今までの宗教とは違います。今までのような、例えばヒエラルキーがあったり、頂点に誰か偉大な人がいて、それを追い求めるようなものは、もう人の心をつかまなくなったと思う。この図式はもう終わりです。次は、1人1人が主役として、1人1人がそれぞれ宇宙を担っているんだという真実に行き着く。そういう横の世界があると思うのです。

奥平　私と皆さんは、本当に同じ引き寄せ力を持っています。

阿部　それはそうだ。でもうまくいく人といかない人がいる。

奥平　思考の向け方が違うだけです。

阿部　多くの人はそこを知りたい。

奥平　思考の向け方は、自分で変えられることだから、ちょっと練習すれば誰でもできると最初から私は言っているわけです。

非二元とはまさに「神と出会った」という状態

阿部　順序立てていきます。まず、非二元の話からしてみましょう。

僕は非二元、非二元と言ってきたから、なじんでいる人もいるだろうけれど、そうではない人たちもいるはずです。非二元とはどういうことなのかというと、「非」だから、二元とは違うということです。二元ではない。

まずは二元とは何かというと、全てのものは分離して独立して存在しているという見方です。

私は全体から分離して個として生きている。したがって私は、私ではない全てをコントロールしながら、安全を確かめながら、自分の力で生きていくというのが二元の生き方です。

では、非二元とは何なのか。非二元とは、私が全体だということ。私は全体から分離した個ではなく、全体そのものだということ。生きているのは私ではなく、全体だということ。

今から数十年ぐらい前のアメリカのテレビ番組で、月に降り立った宇宙飛行士と、精神医学の権威の人が対談をしたそうです。そのときに宇宙飛行士が「私は月で神と出会いました」と言ったんです。司会者が「どういうことですか」と言ったら、精神医学の権威がサラサラサラと紙にメモを書いて、それを宇宙飛行士に渡した。宇宙飛行士はそのメモを見て、「アッ、先生そのとおりです」。

何が書かれていたかというと、「あなたは地球上に生きているときは、『私が世界の中を生きている』というふうに生きていましたよね。ところがあなたが月に行って、神と出会ったと言う体験は何かというと、あなたを含んだ全てがそこにあったんじゃないですか』。あなたと全てがあるのではなくて、あなたを含んだ全てがただあった。全てがあなただったのではないですかということが書いてあって、「そのとおりです」と。その体験をその人は「神と出会った」という言い方をしたわけです。それが非二元の状態です。

実は今もそうなんですよ。

奥平 そうです。何か修行をしなければそうなれないのではなくて、もう既にそうなんです。

阿部 そうでしかこの宇宙は存在していない。ただ、我々には大脳新皮質なのかな、ものを考える力があって、その考える力が、「私という主体」をつくるわけです。その主体が結局、私と世界を分けてしまっている。

でもこの主体は脳が考えたことであって、本当はそんなのは存在していない。ただあるがままに、今刻々と、今この瞬間に、見えて、聞こえて、香って、感じてということが起きていて、それをもとにしてこういうことが起きているという解釈が起きている。ただそれが瞬間、瞬間起きているだけです。

しかも大脳は、そのことを結びつける力もあって、こういうことが起きて、今の私がいて、今の私はこれからこういうふうに生きていくだろうと、時間軸の中でストーリーをつくって、その時間の中を固定した私というものが生き続けているというふうに捉えているわけです。これが二元の世界の人が持っている人生観の根幹です。

非二元とは何かというと、このストーリーも脳がつくったもの。そこに生き続けている私という主体も脳がつくったもの。以上。なんですよ。

いい気分でいる——かなったときの波動を今感じること

阿部　これはまだ奥平さんに聞いてないけれど、引き寄せの法則をどんどんきわめていくと、最終的に、引き寄せるものとか、そんな未来のこともなくなっていくはずです。「今ここ」しかないから、今ここで、幸せを感じていればそれが人生のゴールなんですよ。

奥平　はい、そのとおりです。私は結構最初から、いい気分でいればそこがゴール、喜んでいたらそこがゴールと言ってきた。もう1000回ぐらい言っていて、皆さんにも伝わっていると思っていたんですが、そこが、なかなか伝わりにくいようです。

私はいろいろイベントをやっていて、そのうちの一つにテーブルマナー教室に皆さんに参加していただくというイベントがあるんです。なんでそれをやっているかというと、そのマナー教室に参加すると、今まで感じていなかった、例えばウェイターさんへの感謝とか、食材に対する感謝とか、そういうのを思い起こしてくれるからです。もちろん、料理もすごくおいしいわけです。「おいしいな」「ありがたいな」と感じていれば、そこがもうゴールなんですよ。それが、いい波動という状態。それをダイレクトに体験していただけるから、そのイベントをやっています。

最後に一言ずつ感想をいただくのですが、皆さん、本当にその場で、ちゃんと感謝を感じているし、もう私は何も言うことないわというぐらいすごくいい感想をいただいているのに、その後、「いい波動ってどういうことですか」という質問が来たんです。皆さん、できているのに、まだできてない、まだ願いがかなってないと、引き寄せの方法を探している。でも、まだできてないと思っているから、できてない世界を自分がつくっているのです。同じことをやっていても、もうできていると思うのか、まだできてないと思うのか、そこが自分がつくるものの分かれ道です。

阿部　これもよく言われてきたことですが、願っているということは、願いがかなってないから願っているわけです。どうしても人は今、願いがかなってないというところを考えてしまう。そうするといつも、かなっていない現実が訪れてくる。ということは、かなったときの波動を今感じていれば、そうならざるを得ないということを言っているわけですね。

奥平　そうです。確かに現実界ではタイムラグ的なものがあります。でも、確実にそれは来るんですよ、どこかのタイミングで。

我々はみんな1つのもののあらわれ

阿部　きょうは多分、すごく大事なことを2人で話そうとしているのだと思いますが、今、これは何に見えますか（37ページ図版を参照）。

奥平　うにょうにょの線。

阿部　わからないでしょう。これは見事な波の絵なんです（笑）。ここは海です。私たち1人1人は波です。これは奥平さん、これは阿部さん、これは来てくれている皆さん。大きいのもあれば、小さいのもある。それぞれが、これを自分だと思ってしまった。私はこんな形の波だぞと。今は格好悪いけど、実はこの波、出自はいいんだよ。今はこんなだけど、実はいいところの出なんだ。隣の波、大きいな。いつか自分も努力して、あんな大きさになろう。隣が見えるから、そうやって比較し合ってみんな生きているわけです。

でも、この波は実体ではないですよね。もし実体であれば、あなたはこの波をここに持ってこれます。波を持ってきてくださいと言っても、誰も持ってこれない。だって実体ではないから。実体は海です。波というのは海の運動です。

この海が、引き寄せで言うところのソース（源）なわけです。あるいは、仏教では空《くう》と呼んだりします。要は、私たち1人1人は、この海の運動のことなんです。あなたというのは、あなたという実体があるのではなくて、ソースの動きです。ソースは一種類しかない。我々は1つなるものの、今まさにこの瞬間の、あらわれ出でている最先端なんです。

ここに世界があるとしましょうか。このソース、我々の実体、海は、この世界を体験するために波をこしらえた。この波が、例えば何か新しいものを創造します。引き寄せの法則を使ってでも何でも、新しいものを創り出すと、それは海が創り出したことになる。海は自分自身が新しい創造をするのではなくて、まずあなたというものを創造して、あなたに創造させているわけです。それを通して海は創造をどんどん拡大している。こういう感じですよね。

奥平　はい。確かに波によって役割というか、違いがあって、それが個性としてあらわれているので、確かに私と阿部さんは違います。違う波なんです。

阿部　そう、2人として同じ波はない。

奥平　だけど、もとは同じです。

阿部　だから、あなたは誰ですかと言われたら、私はここの生まれで、こういう経験をして、こういう性格の、こういう波です、ではなくて、「私は海です」というのが正解なわけで

海（ソース）と波（私）の関係

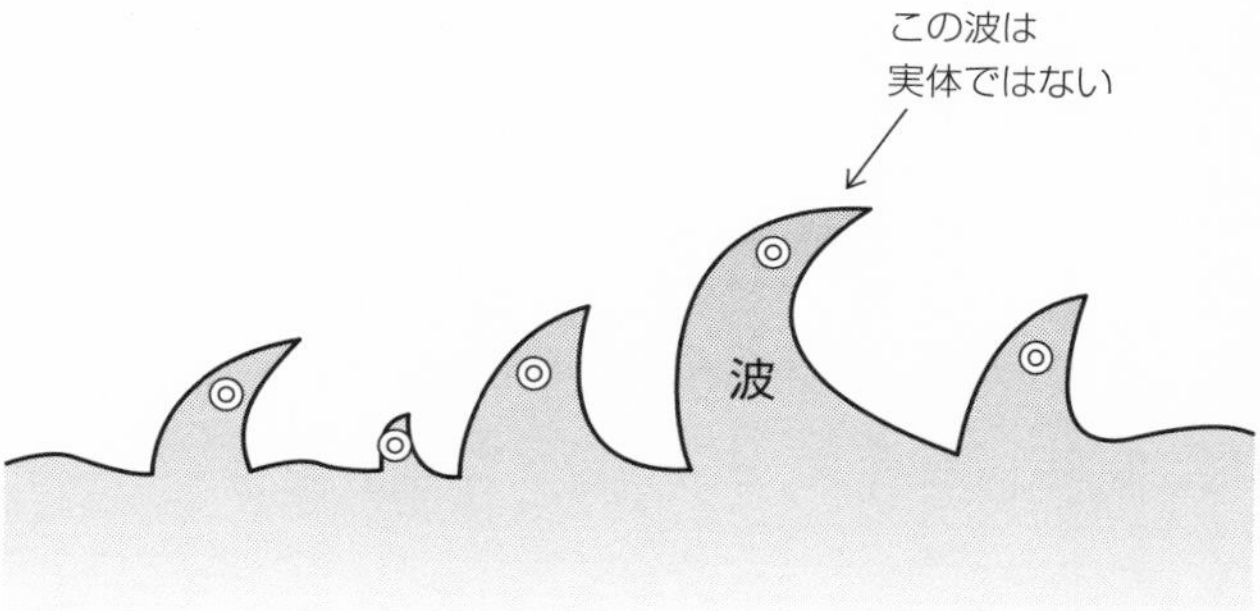

◎私たち1人1人（波）

「私（波）は、海を忘れているが、私は海である」

海（ソース）

＝

空

海は、あなたを通じて創造し、波を創らせる（個性）。2人として同じ波はない。すべてを創り出しているのは海（ソース）。願望も、海＝非二元＝神から来る。波が頑張ろうではなく、海に委ねること。私は1つしかない、ただ在るもの。私＝全体＝私は神である。

す。我々は自分が海であることを忘れてしまった波です。

奥平 波であってもいいんですけど、そこを思い出す。そこを知っているのと、知らないのでは全然違う。

阿部 したがって、起きていることはこのことなんだと知ることが、本当は引き寄せの法則に入っていく最初の入り口なんです。

奥平 ここを知らないで、テクニック的にいい気分でいても、まだかなわない、まだかなわないとなってしまう。

阿部 物事を創り出しているのは海だからね。あなたが描いた願望を創り出すのも、あなたという波ではなくて、海がやってくれるわけです。あなたは創造して、任せるだけなんです。

奥平 願望もここから勝手に来るし、来たということは、普通に生きていればそれをかなえる何かも勝手に来ます。

阿部 話を戻すと、海が非二元です。だってこれしかないから。2つに分けられないもの。そして、私と、私以外のものがあるというのが二元です。

これでさっきよりもちょっと理解が進みましたよね。要は、僕もあなたも1つのものがあらわれているのです。僕らは違うと思って暮らしてきたから、あなたと僕が同じものののあらわれだなんて思えない。だけど、僕の中で生きている命と、あなたを生きている命は同じものなんです。

これはよく黒斎《こくさい》君（雲《うん》黒斎氏）とも話すのですが、命は1個しかない。それはあなたの持ち物ではない。その命は永遠のもので、ただあるもので、たまたまこの期間、海があなたという体を通して生きているだけの話です。

奥平　それを知っていると、波が頑張ろうではなくて、海に委ねようとなる。

阿部　そうそう。描いた後、何もしない、気楽に任せるということが、結局、できそうで、できないわけです。自分の力で何とかしなければということが染みついているからできない。私がしなくても全体がやってくれるんだという心境になるためには、一番早いのは私イコール全体だという感覚を思い出すことです。

我々1人1人が神である——それが最終的な全て

阿部　もう1つは、思い出さなくても、私は全体だということを鵜呑《うの》みにして信じ込む。要は、この海のこと、全体を神と呼んでいるわけです。私は神だということを、鵜呑みにして信じ込む。ただし、人には言わない（笑）。これを人に言うと、また面倒くさいですから、人には言わない。

これは言葉で言うと変だけど、事実なんですよ。我、即、神なんです。あなたが神なんです。神がどこかにいるのではない。

奥平 もう既にですよ。何かしなければそうなれないのではなくて、既にそうなんです。

阿部 ここの分かち合いが難しいのは、我々は言葉を使わないと伝達できないからです。もちろんテレパシーもあるけれども、言葉を使って今も皆さんに伝達しています。言葉というのは何でも対象化してしまう。どういうことかというと、例えばソースだとか、全体だとか、源だとか、宇宙と言ったときに、宇宙というのがある、全体というのがある、ソースというのがあるというふうにイメージしてしまうのです。

奥平 自分とは別の何か。

阿部 そこが言葉の限界なわけ。これはどこかにあるのではなくて、今のあなたの存在が、それそのものなんです。これがあらゆる宗教が伝えたい宗教性の全てです。あなたが神であるということ、それが最終的な全てなんです。

奥平 それがちょっとねじ曲がって、神というものがあって、それを崇拝するみたいに宗教はなっていますが、もとはそうですよね。

阿部 だからきょう、ここにいらして、おカネも払いました、時間もつくってきてくださった、どう元を取るかという話なんですけど（笑）、今の話を、もし鵜呑みにできたら、これはおカネでは買えないですよ。鵜呑みにできなくてもこれは事実です。2500年前から、お釈迦さんはお釈迦さんの言い方で言っているし、いろいろな人たちが異口同音にずっと伝え続けてきている真実です。あなたは波じゃないよ。あなたは海だよ。これだけです。

その海の先端のセンサー、これが我々1人1人の創造力だと思ったらいい。あなたも僕も、ソース、全体がこの世に遣わせた神経細胞の先端であって、その先端がいろいろな体験を自分の中で紡ぎながら、何か新しいものを創造していく。その喜びが宇宙の喜びなんです。宇宙は、我々を使って自分をより拡大しようとしていると思ったらいいです。その宇宙はどこかにいるのではなくて、あなた自身なんですよ。

奥平　だから好きなことをすればいいんですよ。

阿部　はい、どうもありがとうございました（笑）。インドネシアに住もうが、何をしてもいいんです。

奥平　だけどみんな、こう生きなければいけないとか、誰かがこう言うからこうしなければいけないと縛られているから、波になり切れない。

激変する時の流れで大事な人間の感受性

阿部　僕は、それは20世紀までは必要なことだったような気がします。産業も我々を元気づけたり、利便性を高めたり、そういう意味では経済の豊かさは必要です。特にこの国は資源がそんなに豊富にあるわけではないから、加工して製品として出すというのがあった。そうすると、富国強兵なんて言われた時代から、みんなで団結して、労働力を非常に効果的に配分しながら、どんどん生産を上げていって、それで豊かになっていこうよという考え方でずっと来た。これが日本人の気質にピッタリだったから、うまくいった。日本人は協力するのが大好きです。ほかの国がまねようとしても、なかなかできない。生産性もすごく上がりました。

でも、考えてみてください。これからは、もうモノはあまり要らない。

奥平　本当にあり過ぎるから、逆に、自分が本当に欲しいモノがわからなくなっていますよね。

阿部　もうモノの時代は終わったと、みんなどこかで気がついている。だけど、今までの経済のシステムがあるから、社会の構造もあるから、ハイ、そうですかと、すぐに変えるわけにいかない。これは時の流れで、必然的にいろいろなことが変わってきますよ。

さっき僕は宗教もなくなると言いましたが、会社だって、今みたいな形態は時間の問題だと思います。縦のもの、要は上が情報を独占しているというのがなくなって、だんだん横になって、スペシャリストたちが集まって何かを立ち上げるみたいな感じになる。グーグルなんかはそうみたいだけど、そんなふうにいろいろな企業体も変わってくるのではないかと思う。そうすると、社会のあり方も変わってくるし、経済というものの考え方、経済がもたらしてくれる恩恵も変わってくるし、いろいろなものが変わってくる。

これからどういう時代になるかは一言では言えないけれど、でも人間の感受性のようなものがすごく大事にされる世界になるのではないかなと思います。

奥平 そうですね。今までは、楽しい、うれしいよりは、効率とかだった。

阿部 そうなの。「引き寄せ教」は、そういう時代の変化にもピッタリ合う（笑）。

奥平 引き寄せ教とは言わないでください（笑）。

阿部 引き寄せ真理教と呼びます（笑）。引き寄せ真理教は、これからの時代の人間のあり方とも本当にピッタリ合います。だから、この宗教を誰がやるかなんですよ（笑）。もちろん冗談ですよ。でも、それによって真理も学べて、自分に対する誇りも取り戻せて、そして豊かになって、好きなことをやって、健康に生きていけるのです。誰でもできるわけだから、本来、選ばない人はいないじゃない。今はまだ古い習慣が残っているから、誰でもできると言ったときに、「エー?!、誰でもかよ」と思う人もいるかもしれないけれど、本当に誰でもできるわけです。だって神様はえこひいきしないからね。

奥平 既に全員、海ですから。

自己催眠を解いて引き寄せるにはどうすればいいか

阿部 非二元と引き寄せというテーマできょうは話そうと思ったけれど、どうやらここで話し終えたようだね（笑）。

奥平 じゃ、どうすればいいのかというところを。

阿部 どうすればいいのかが一番聞きたいことだけど、それはあなたが口を酸《す》っぱくするぐらいに言っていること以外にないんじゃない？　要は、今いい気分を感じるということ以外ない。

奥平 そうなんです。それで本当に終了です（笑）。そこでもうできている。

阿部 今笑ったら、それで終わりだよね。

奥平　そうです。

阿部　今笑った人の順にお帰りください（笑）。

その気になれば、僕らは楽しい気分を選べるわけです。正直に自分のことを話しますけど、僕自身、こんなことを言いながら、いい気分を選ぶという習慣があまりないんです。ニュートラルはある。別に全然不幸じゃないですよ。だからといって、幸せとか、ワクワクとか、楽しいとか、そういうのを感じないようにしていた。よくよく自分を観察してみると、、もし安心してしまうと、将来悪いことが起きるかもしれないと思っている（笑）。

奥平　そのパターンの人は本当に多いです。

阿部　僕にも残っている。

奥平　今の状況が嫌で変えたいという人が多いです。ここで幸せを感じてしまうと、このままもう変わらないのではないかと思う。そうではないんです。

阿部　そういう気持ちもあるだろうね。でも、そうではない。逆だよね。

奥平　そう感じたら、外が変わっていく。その自分の感情に応じた風景に変わっていきます。

阿部　なぜならば、あなたがつくっているから、あなたが海だから、あなたが創造主だから。

創造主がどこかにいるのではなくて、あなたなんです。

奥平　波であり、海なんです。

阿部　この宇宙の皮肉は、とてつもなく壮大な偉大な存在が、とてつもなく小さく固まって、「私なんて」と言っていることです。この壮大なトリックというか勘違い、あるいは自己催眠は、宇宙の奇跡の1つだね。

奥平　そうですね。普通に生きていたら、なかなかわからないですよね。

阿部　隣の人に比べて、私はどうかじゃない。あなたも私も、絶対的価値なんです。

奥平　だから、本当に自分はどうしたいかというところですよ。

阿部　そこに来るよね。これから時代もどんどん変わっていくし、制度も変わっていくし、その中で本当に自分はどうしたいかというところを、どこまで勇気を持って生きられるかというのもある。結局、勇気というのは、マイナスの思い込みがあるから勇気が必要なわけで、マイナスの思い込みがなければ、ただ自分が楽しいことをやっていれば展開していくわけです。

ということは、我々にできることは、マイナスの思い込みをどう減らしてあげられるか、流すお手伝いができるか、そういうことなんじゃないかな。

自分の中の真実に従えば本来望んでいた役割に戻れる

奥平　私自身も、今は引き寄せ教とか言われて、引き寄せの人みたいになっていますが、そこに行くまでにすごく悩みました。いわゆるスピリチュアルとか引き寄せを、自信を持って伝えるところに行くまでには結構悩んだ。

阿部　教祖様でもそうだったんですね（笑）。

奥平　私は、本当に普通に現実的に生きてきたので、こういうことを言い出したら、周りに何と思われるだろうというのがすごくありました。それが取っ払われたのは本当に最近です。でも、自分の中の真実にいかに従えるかということが大事で、自分の中の真実に従えば従うほど、自分の波であれるというか、そもそもの役割に戻れる。

阿部　僕が最近すごく思うのは、変な話になっちゃうけど、僕も含めてあらゆる人は、生まれたときから自分がどう生きたらいいかをある程度計画してきているというか、それを担ってきている。最近、すごくそういう気がしてきて。

奥平　それは、夢の中、ストーリーの中での役割ではありますが、本当にそうだと思います。

阿部 だけど僕は、そんな目的も意味もないということを何十年もずっと言い続けてきたから、今からどうやってそっちに変えていくか（笑）。

奥平 そこに行き着くための何かだったということにすればいいんじゃないですか。

阿部 ありがとうございます。いろいろ変遷はありましたが、今は本当にそう思う。1人1人に目的があるんです。それは何かというと、あなたがそれをやるとき、やっぱり生き生きしている。それは人によって違うんです。

奥平 純粋に興味のあることを追求していけば、たどり着きます。だけど、それは簡単なようで、なかなかできない。

阿部 それは違う自分をつくってきてしまったから。要は社会で生きるための自分をこしらえてきてしまったから、社会で生きるためにつくった自分がいくら考えても、本当のところでどうだったらいいかがわかりにくくなってしまった。

奥平 自分の本当の興味だったり役割とは、逆の環境に生まれてくるケースが絶対ではないんですけど多くて、そこでいろいろ考えて、本当の自分を思い出すゲームみたいになっている。

阿部 なぜ多いかというと、それがその人の役割だから、それを学ぶためにわざと真逆を選ぶわけ。なんか最近、すごくそういう感じがする。もう、これからそういうふうに言っていい（笑）？　例えば、子どものころに両親から愛されなかったとか、愛がないところで育った人は、愛を学んで、同じように愛を知らずに育った人をヘルプするために生まれてきたとか、その人のハンデは、結構その人の存在理由だったりします。

奥平　そうなんです。もちろん、そういう家庭だったら一見、不幸に思うけれども、そうではないんです。全部必要があって起きている。

阿部　本当にそう思うね。

本当の自分の動機、自分を生かしている方向性に自分がアクセスできるというか、それをまずつくり出すことが大事で、そのためには、まず最低、ニュートラルな気分になることがすごく大事だと思うわけです。ムシャクシャしていたり、誰かを呪っていたり、恨んでいたり、「あいつ死ねばいい」と1日中考えている状態で、いい気分と言われても無理です。

奥平　無理だと思うから無理なのであって……。

阿部　はい、失礼しました（笑）。教祖様がそうおっしゃるなら、そうだと思います（笑）。

奥平　本当は無理ではないんです。

阿部　でも、まずニュートラルに戻るということがすごく大事だと思う。

奥平　そうですね。ニュートラルで全然いいと思います。いつも「幸せだわ」という状態である必要はないです。もちろん、たまにそういうときがあってもいいし、ニュートラルで穏やかな感じみたいなときが私も多いです。

瞑想が本当の自分に戻る感覚を呼び覚ます

阿部　そこに戻るのに一番手っ取り早いのが瞑想《めいそう》だと僕は思っています。エスター・ヒックスさんの本で、エイブラハムたちが、「もし私たちが地上に体をまとって存在することになったとしたら、私たちは絶対に瞑想だけはします」と言っていたんです。「おお、いいやつじゃん、こいつ」と思った（笑）。

奥平　とにかく、1日15分だけでもいいから、必ず瞑想しろとすごく勧めています。本当の自分に戻るためには、1人の時間はすごく大事だし、さっきモノがあふれているという話にもなりましたが、モノもあふれているし、情報もあふれているし、要らないものがとにかくたくさん入ってきてしまう。そこからちょっとでも離れる時間をとるのか、とらないのかで結構違ってきます。

阿部　瞑想の時間に何が起きているかというと、社会的な自分を横に置いているわけです。大抵我々は役割になり切っている。お父さんであるとか、子どもであるとか、会社でどういう立場とか、男であるとか、女であるとか、年齢とか。そんなものは社会的なものであって、それ以前に、我々は純粋な存在として存在しているわけだから、社会的な自分をいったん、全部横に置く。それで誰でもない人として、ただくつろいでいるわけです。

そのときに海の感覚が出てくる。そういう時間を、僕は1日30分、できたら1時間とったらいいですよと。そのくらいしないと、この世に生きるということは、不自然な自分を生きるわけだから、ストレス、摩擦がたまって当然です。だから瞑想することはすごく大事です。それでニュートラルに戻って、そこで奥平さんが言うように、いい気分、例えば楽しいであるとか、幸福感とか、そういうものを選んでいけばいいわけですよね。

奥平　そうですね。

阿部　そして、「願望を実現するぞ」なんてことはやらない。唯一の仕事は、気分を選ぶことだけ。

奥平　はい。

阿部　それでいいね。

奥平　本当にそうです。

阿部　僕もそう思う。

引き寄せたければ引き寄せよう・人を変えようとしない

奥平　引き寄せたければ、引き寄せようとしたらダメなんです。なぜかというと、引き寄せようとか、引き寄せたいということは、まだ引き寄せてないからそう思うわけですよね。引き寄せたいというのは、まだ引き寄せてない状況をつくってしまうわけです。みんなつくれるんですよ。既につくっているのです。それぐらい皆さんの創造力はすごいということをまず自覚しないと、なかなか自分の中は変えていけない。

あと、同じ話ですけれども、人間関係で悩んでいる方も結構いらっしゃると思います。

阿部　みんなです、みんな。

奥平　あの人があぁだ、こうだと言って、その人を変えたがりますよね。変えたい、変えようとする。結局、いろいろ働きかけたりして、変えよう、変えようということは、変わらない、まだ変わってない現実をつくり続けてしまうわけです。

阿部　それに、人を変えることはできないです。

奥平　そうなんです、できないということが本当に腑《ふ》に落ちて、そして人を変えることは諦めて、自分を変えたら変わるんですよ。

阿部　間接的にね。

奥平　変わるので安心してください。だけど、相手を変えようとする限りは、変わらない。なぜかというと、自分自身が、「変えたいと思うような嫌なところがある相手」という現実をつくっているから。

阿部　それにその人たちは、あなたの望みどおりに生きるために生きているわけではない。その人たちも自分の望みどおりに生きたいわけで、それはもちろんあなたの望みと違いますよ。だから、人は変えられないということを、1つ原則として持って、今あなたが言ったように、自分自身の見方が変わることで、もちろん人は変わってくる。でも、直接は変えられない。

奥平　直接変えようとしたら、一生変わらないです。

阿部　結構人に変わってほしくて、いろんなことをやるんだよね。例えば夫婦げんかなんかでも、相手が悪いとお互いに思うわけです。相手が悪いなんて言っても、そんなことを聞く耳はお互いにないから、いかに自分がそれは間違っていると思っているかを相手に知らせるために、肩でこうやって表現したり（笑）、不機嫌な態度をとったり。いろいろな方法で相手に教えようとするけれど、それを見て相手がどう思っているかというと、「本当にちっちゃな人間だな」と思っているわけ（笑）。なんでここまで説得力を持って言えるかは、私も謎です（笑）。

奥平　夫婦とか、一番近い人が一番難しいですよね。

阿部　自分の問題を全部その人が見せてくれるからね。

奥平　でもそれも、自分が創造者なんだというところに立ち返ると、相手を変えようとしなくなります。

阿部　そうだね。だってそんなものは無理だもの。
例えば今のことで言ったら、その人のいいところも必ずいっぱいあるわけだから、それを悔しいけど書き出す。書き出していると、自分が負けたみたいな気がするわけです。自分が正しいのに。そこを一歩、泣きながら書く（笑）。書いて、それを読み続ける。

奥平　そうなんですよ。私も一番最初は、会社が嫌で嫌でしょうがなかったので、本当にそうしました。いいところを書いて、読み続けるみたいなことをやりましたね。

阿部　そうするとちょっと気分が変わってくるものね。

奥平　あと、今なら、例えば夫婦関係で悩んでいるとすると、その旦那をつくっているのは自分なんだという自覚があるので、私の中の何がこの人をこうさせているんだろうという視点で見る。そうすると気づきがあると思います。気づくと、相手を変えようとするのではなくて、自分を変えられる。

阿部 相手は変えられないけど、相手を殺すことはできますよね（笑）。

奥平 今思い出したんですけど、聞いた話ですよ。友達の友達なので全然知らない人なんですが、すごく離婚したかったらしいんです。そうしたら2カ月後に、相手が本当にいなくなってしまったらしいのです。

阿部 今、何人かの人の気持ちをグッとつかみましたよ（笑）。もっと教えて！

奥平 夫婦関係で悩みがあったら、普通の人は悩みます。悩むと、もっと悩む現実を経験するわけです。それが通常バージョンです。だけどその人の話を聞くと、もういないものとして生きていたらしいです。多分、強い人だったんでしょうね。そうしたら、本当に2カ月後にいなくなってしまったと。それはいいこと、悪いことではなくて、本当につくっているわけです。

阿部 そんなこと望んでいたなんて人には言えないけれども。

奥平 本当に知らない人のことなので、今こうして話ができるわけですが、いかに自分が現実を創っているのか、わかってほしいからこの話をしたのであって、抹殺していいという意味ではありませんよ（笑）。

結婚を引き寄せるにはどう意識を向けたらいいか

阿部　願望というのは、もちろん自分の存在理由や天命みたいな願望もあるけれども、日常、我々はいつも細かい願望を持ちます。例えば、積極的にこういうのが欲しいと自分で描かなくても、「これは嫌だ」とか「こうじゃない」という気持ちは日々ある。考えてみたら、それはそのまま願望です。「こうじゃない」と言っているということは、「こうがいいな」というのが隠れているけれどあるわけです。ということは、「これは嫌だ」と言った瞬間に、もう願望は届いているということになる。

奥平　最近、この話をよくするんですけれど、「結婚したいんですけど、どうしたら引き寄せられますか」とよく聞かれます。そのときに私はいつも、「どうして結婚したいんですか」と聞きます。98％の人が、老後1人は嫌だとか、経済的な不安だとか、周りから行きおくれだと思われたくないとか、大体そういうことを言います。自分が起こってほしくないこと、嫌なことばかり考えているわけです。

起こってほしくないことばかり考えていると、そっちを引き寄せます。しかも、これは結婚に全く関係ないというか、結婚しても老後1人になるかもしれない。経済的な不安にしても、結婚してもあるかもしれないし、1人でももっとよくなるかもしれない。だから結婚したいと言いつつ、全く望んでないわけです。

どっちに意識を向けるかがすごく大事で、もし何かこれが嫌だというものがあるのだったら、そこでいったん立ち止まって、では何がいいんだろうと、細かく変えていってほしいです。

阿部　なるほど。それをイメージしてみるということですか。

奥平　そっちに意識を向ける。何が自分の頭の中を占めているのか、四六時中は無理でも、1日1回立ち止まってみるだけでも大分違うと思います。

阿部　今の結婚1つとってみても、例えば経済的なこととか、寂しくないとか、老後の心配とか、結局、自分の気持ちではない、違う理由です。そうすると、例えばその人がそれで結婚したとしても、自分の望みはかなってないわけだ。

奥平　そうなんです。心配しているのであれば、心配なままです。

阿部　結婚しようがそれは続く。

奥平　はい、何の関係もないです。みんなは結婚したら解消されると、すごい大きな勘違いをしています。

阿部　説得力ある（笑）。

望みをかなえる2つの大事な要素とは

奥平　エイブラハムは、望みをかなえる2つの大事な要素は、望むことと、その望みがかなう流れを信頼することだとよく言っています。その2つがあれば、願いはかなうということです。

阿部　必ずかなうんでしょう？

奥平　はい、本当にかないます。

望むというのは、さっき言ったように、老後1人は嫌だと思うのではなくて、こんなすてきな人と、こんなすてきな生活を送りたいなと思うことです。そこで望んでいる状態になります。

2個目の、望みがかなう流れを信頼することとは何かというと、いつも言っている、いい気分でいることであったり、さっき言った、引き寄せようとしないことです。

阿部　引き寄せようとしないというのは、言葉で聞くとすごく簡単だけど、難しい。

奥平　そうです。みんな引き寄せたいんです。

阿部　繰り返すけれど、自力で何とかするということをたたき込まれているから、やらないという感覚を思い出せないんです。

奥平　だって、ほとんどの方は、引き寄せようと思ってここに来たでしょう。それはいいんです。スタートはそれで構わないのですが、途中で、何かを得ようと思って来たでしょう。「これでよかったんだ」「自分はこれでできているんだ」というところに気づいていただけたらなと思います。

宇宙の原理にいかにして身を委ねるか

阿部　そのためには、根本的な安心感みたいなものが、あるとないとでは大分違う。「私は安心だ」「私は安心だ」と言い続けても、自分の感覚はすぐに安心ではないところに行ってしまう。そうではなくて本当に安心していいんです。

その感覚をどうよみがえらせるか。また宗教的な言い方になるけれども、それが本来の信仰心なんです。それは、例えばキリストを信じるとか釈迦を信じるとか、そういうことではなくて、我々を生かしている絶対的なものに対するいわゆる信仰心です。そこを完全に信じる。そこに完全に「南無《なむ》」する。

「南無」とは何かというと、完全に身も心も委ねることです。だって信頼というのは委ねることだから。あなたを生かしている宇宙の原理という言い方のほうがいいかもしれない。そのほうが信憑性《しんぴょうせい》がある。要は、あなたを生かしている宇宙の原理に、あなたが完全に委ね切れるかどうかなんです。

「いや、そうじゃない。この宇宙の原理、この神がつくっている原理は、放っておくと危ないから、それよりも私が自分の知性を駆使して、私にいいことが少しでも起こるように頑張るわ」というのが普通の人の態度なんです。

どこまでその流れ、その原動力を信頼して任せられるか、これが基本だと思う。さっき言ったように、あなたが非二元というものを体感的につかまえれば、信頼は副産物のように出てきます。それが今ないのであれば、信仰というのを鵜呑みにして、「ヨッシャー、きょうから私、神を信じます」（笑）。

一昔前だったら、神を信じるということは危なかったんだけど、これからは逆に、神を信じた者勝ちなんです。この原理原則を信じた者勝ちです。この信仰心は、古今東西、人間にとって一番必要なものなんです。あまりにも迷信的に宗教が語られてきたから、我々は拒否反応を起こしてしまった。あるいは宗教団体とかそういうものが、人に迷惑をかけたり乱暴だったから、我々は距離を置こうとした。でも、本来の宗教性は絶対に切り離せないし、そうでなかったら我々はただのロボットになってしまう。何かの力によって生かされている、やはりここが人間たる者が行き着く最終的な境地です。

「南無」というのは、それをたった一言で言うのだからすばらしい。阿弥陀仏《あみだぶつ》というのは宇宙の原理です。宇宙の原理に、完全に身も心も委ねます、「南無阿弥陀仏」。この一言で救われるのです。

僕は昔、これはただの迷信だと思っていました。昔、仏教は貴族のものだったから、民衆はそういう教えにあずかれなかった。そんな民衆も救われるために、親鸞《しんらん》とか法然《ほうねん》が、そういう言葉を布教したのかなと思っていた。そうではない。彼らの中にはものすごく深い理解があった。なぜならば、やっているのは私ではないということを彼らは見抜いていた。全体がこれをつくり出しているということを見抜いているから、その全体に対して完全に帰依しましょうというのが「南無阿弥陀仏」なんです。すごくない？　こんなすごい話を、よくそんな平気な顔をして聞けるね（笑）。「南無阿弥陀仏」で救われるのだからすごいじゃない。

「南無阿弥陀仏」で救われるという感覚を持ちながら、「何だって安全、安心なんだから、さあ私は、どう生きていきたいのか」。最初に不安があったら、不安に引きずられて、安全、無難な一番小さな可能性でチマチマ生きざるを得なくなってしまう。

奥平 不安だから、コントロールしたくなるわけです。でもコントロールしようとすればするほど、コントロールが必要なものがつくられてしまう。

阿部 もう安心していいんです。だって、今だってそれでできているし、それ以外はないんだから。我々はソースであるにもかかわらず、そのソースとの接触を断ち切るような思考を煙幕のように持って、それを「私」と言っているわけです。我々にできるのはそこまでです。ソースから離れることはできないわけだから。

奥平 つながりが薄くなっている人はいっぱいいますが、離れることは絶対できません。

阿部 しかも、本当は薄くなってないのに、薄くなったような気がしている。

奥平 薄くなったふりをしているだけ。そこが切れることは絶対ないですね。

阿部 波は、海から離れては存在できないから、いつだってつながっているのです。あなたがそれだということ、それがまず前提で、それをしっかり自分の中で押さえ込めば、そうしたらあとはね……。

奥平 ある程度の期間、ちょっと意識して自分の思考と感情をコントロールしたら、そんなに長くはかからずに、何か変わったというのがすぐわかります。本当にすぐに外に反映されるので、その経験の積み重ねで、「ああ、本当に自分が全てなんだ」というのが少しずつ、少しずつわかってくると思います。

阿部　あなたは、そのようにしてだんだん理解が深まっていったんですか。

奥平　そうですね。小学生ぐらいのときから、考えていることと外に起きることは、なんかリンクしているなというのは思っていました。ただ、自分が全部に影響を与えているまではわからなかった。それがエイブラハムに出会って、自分でいろいろやっていく中で、自分を変えただけで本当に全てが変わったので、今は100%信じています。

欲しいものがおカネでもいい！　人のものを奪っているわけではない

阿部　何が欲しいかが、本当に明白にあるといいよね。そうしたら、絶対そうなるものね。それはおカネでもいいの？（笑）

奥平　もちろん。おカネはつくり放題です。

阿部　僕は長く禅とか、そういう修行めいたことをずっとやってきたから、欲しいものがなくなっちゃって、最後に欲しいのはおカネだけなんです（笑）。

奥平　おカネで何が欲しいんですか。

阿部　そこはない。

奥平　おカネがあればいいんですか。

阿部　おカネがあればいい。老後のたくわえ（笑）。

奥平　それは思いっきり不安からじゃないですか。

阿部　冗談です。でも、おカネはあってもいいじゃない。おカネがいらない人っているんですかね。

奥平　おカネはあったほうがいいですよね。

阿部　いくらだってあったほうがいいです（笑）。これはいくらでもいいの？

奥平　いくらあっても、人のものを奪っているわけではなくて、自分が創造しているんです。

阿部　それはそうだ。あなたが豊かになることは、誰かが貧乏になることではないからね。

奥平　海は無限ですから。

阿部　ここも大事なポイントだね。おカネというのは、人はどこかに罪悪感を持っていて、労働力、労働時間に応じて稼ぐとか、そういうことも刷り込まれている。全然そうではないよね。

奥平 本当にそうではないですね。

阿部 奥平さんみたいに引き寄せの法則の本を何冊も出して、たった一言で言えちゃうことなのに、何十冊も書いてさ（笑）。それで印税がバカバカ入ってくる。そういう稼ぎ方でもいいんだものね。

奥平 本はそんなに儲《もう》からないです。

阿部 失礼しました。ちょっとひがみっぽくなってきた（笑）。

奥平 本を書くのは結構大変なんですよ。それでもやりたいかどうかです。だから皆さんにとってのそういうものを見つけたら、それが魂の道であり、波の役割なんです。

阿部 僕は、最初にあなたが出した本を読ませてもらいましたが、文章の上手な人だな、今までなんで書かなかったんだろうと思った。

奥平 ありがとうございます。私は子どものころから本が大好きだったし、本を書く人になりたいなみたいなのはあったんです。でも、本を書くなんて、本当に特別な人しかできないみたいに思っていた。自分でつくった制限ですよね。そう思っているときは、そのとおりになるわけです。できないんですよ。だけどエイブラハムに出会って、もしかしてできるんじゃないかと思い始めたら、どんどんチャンスを引き寄せていったわけです。

さとうみつろうさんのブログの話

阿部　休憩の前に、僕らが共通で知っているさとうみつろう君の話をしたいと思います。なんでかというと、僕はめったに人のブログは読まないんですけど、たまたま3日前ぐらいに、みつろう君のページに行ったんです。そうしたら「金持ちは飛ばない」というタイトルの記事があって、これがおもしろかった。ちょっと話していいですか。

飛行機に乗ったことがある人はわかると思うけど、ポイントの高いダイヤモンドクラスとかサファイヤクラスの人が入れるラウンジがあります。最高はダイヤモンドクラスで、ダイヤモンドラウンジは扉もすごいし、僕もいつか入ってみたいなと思っているわけです。みつろう君はボンボン飛んでいるものだから、4年ぐらい前にダイヤモンド会員になったらしくて、何カ月か前に彼と一緒にどこかに行ったとき、「阿部さん、ダイヤモンドラウンジに入ります？　僕と一緒だったら入れますよ」と言ったけど、結局時間がなくて入らなかったんです。

彼はサラリーマンのころもときどき出張に行って、ダイヤモンドクラスとかサファイヤクラスのラウンジを見るたびに、「ここはきっと金持ちがいっぱいいる。コンチキショー。死ね」と思ったと書いている。いつかここに入るぞと思っていたら、自分がその資格を得た。そして、ある日、初めてダイヤモンドラウンジの扉を開いて中に入りました。「初めて、スイートラウンジに入った日の衝撃を今でも覚えている」と書いているわけです。

なぜかというと、そこにいたのはヨレヨレの背広を着た、くたびれたサラリーマンだけだった。結局、あれはその人のフライトの距離に応じて格が出てくるので、会社の出張でも、ポイントはその人につくわけです。会社で出張にしょっちゅう行く人はダイヤモンドクラスにすぐになれる。彼は、その扉が開くまでは、スーツを着て蝶ネクタイかなんかをした人たちが、シャンパンを持ってチーンとやっているような姿を思い描いていたのに、そこにいるおじさんたちは、居酒屋にいるみたいだった。そのとき、アッ、自分はこの扉の向こう側にいる人たちのことを完全に誤解していたなと思ったそうです。

社長は出張に行かないんだ。だから社長はダイヤモンドクラスになんかなるわけがないんだ。金持ちは飛ばないんだということがわかった。ところが自分は、この扉の中の人たちを金持ちだと勝手に決めつけて、死ねとさえ思った（笑）。

我々は、例えば自家用ジェット機でどこかに行く人を見て、こういう人はきっと自分とは違う人種の人だとか、なんかすごい人なんじゃないかと思うけど、どこに行っても出会うのは、自分と同じでいいところ半分、悪いところ半分、うまくいっているところもあれば、いってないところもある人ばかり。そういう生身の人間しかいないんだということに気がついたということを書いているのです。

すごいなと思って、僕はすぐにみつろう君に電話して、「みつろう君！」と言ったら、なんか向こうは緊張して、「はい！」と言う。「きょうのラウンジの記事、ラウンジの写真とかいっぱい出ているけどさ」と言ったら、彼は結構繊細なので、「済みません。写真、何か問題ありましたか」と言う。「いや、そうじゃない。この記事は作品として完璧だね」と言ったら、「エーッ、ありがとうございます」とすごい喜んでくれました。

思ったけど、みつろう君はポンポンいろいろな本や記事を出しているから、一々すごいねと褒めてくれる人も少ないんだろうね。僕は本当に心から、作品として最高峰の1つだと思ったんです。彼はすごいなと思う。

それだけの話です（笑）。だからどうということはない。要は、我々がいかに決めつけて見ているかという話です。

Part 2

健康、人間関係、おカネ……

「非二元」と「引き寄せの法則」から今をどう生きるか

２０１９年７月　東京・両国にて

会場からの質問より

阿部 本当にたくさんの質問をいただきました。すごいんですよ。

奥平 見切れないぐらい。

阿部 これは皆さんが前向きに参加してくださっていることの1つの証なのでうれしいです。当然、全てをお読みすることはできませんが、どうしますか。

奥平 見ないで選ぶしかないと思います。

★「南無」と言って自分のコントロールを完全に手放して降参することと、宇宙の流れを信頼することを、本当に信じて生活していこうと思いました。

奥平 すばらしい。

阿部 これは本当に速いですよ。

★心の声（宇宙からのメッセージ）を直感やインスピレーションとして受け取ることも大事だと思うのですが、それと昔からの分離意識から来る思考の声との見分け方。

阿部　これはいい質問ですね。お願いします。

奥平　これは合っているんだろうか、これは間違っているんだろうかではなくて、例えば本当にやりたいことだったら、やってしまう。「これは違うんだろうか」と思っているというのは、十中八九違うんです。

阿部　思考は散漫だから、思考がつくっているものは、1つにまとまらずに散らかった形で出てくることが多い。本当のメッセージは一貫して出てくる。それが1つの見分け方かなと思います。

奥平　そうですね。来たら、もう確信してやっちゃうみたいなことはメッセージですね。

★約10年間患っている病気を手放し、健康を引き寄せるにはどうしたらいいでしょうか。

奥平　きょう、病気の話をしたいなと思っていたので、この質問は「来た！」みたいな感じです。

私は今回、日本に帰ってきて、もう1カ月ぐらい経ちますが、会う人、会う人に、「なんか感じが変わったね」と言われます。ブログを読んでくださっている方は知っていると思いますが、私は11年前に顔面神経麻痺になって、左側半分、動かなくなりました。顔面神経麻痺自体は何もしなくても自然にある程度治るのですが、治り切らないことが多くて、後遺症が残る。動くし、感覚はあるのですが、ちょっと動きが違うという形で後遺症が残って、医者からは、これはもう治りませんと言われました。

当時、スピリチュアルも引き寄せも何も知らないし、医者からそう言われたので、それを信じていたわけです。それを信じているときは治らないです。その後何年かしてから引き寄せに出会って、「もしかしたら、これも治るんじゃないかな」と思ったら、意識も変わるし、いろいろな情報が入ってきて、行動も変わる。いろいろやってみるうちに、少しずつ、少しずつ治ってきました。それだけでも私にとっては本当にびっくりするような出来事でした。

そこから3〜4年経ちまして、でも全部は治り切らないなみたいなのがあったのですが、つい最近、5月末ぐらいに、「アッ、私はこの病気を治そうとしていたんだ」という大きな気づきがありました。治そうとするということは、治ってない現実を自分がつくっていたということです。確かによくはなっている。だけどやっぱり治そうとすればするほど、治ってない現実をつくっていたのです。

それに気づいて2週間後ぐらいに、とある知り合いに「自分がヒーリングができるようになったから、モニターとして皆さんに試しているのですが、どうですか」と急に言われました。その人は昔から知っていて、普通の人だったのですが、急に特殊能力に目覚めたみたいなんです。それでヒーリングをやってもらいました。

1回目は普通にやってもらったのですが、その後に「僕、亜美衣さんの後遺症を治せると思うんです」とおっしゃった。私は何も頼んでないのにそうおっしゃるので、よほど自信がないと言わないなと思って、「これは治るぞ」と思いました。やってもらったら、今まで感じたことのない、中から変わってきたり、目の周りに力が入るような感覚が起こってきて、本当に劇的によくなってきました。

ここでちょっと気をつけなければいけないことがひとつあります。例えば私が、「この人に治してもらおう」と思ったら、また治らない現実をつくってしまうのです。「私は病気を治そうとしていたんだ」という気づきがあったときに、「これはもう治ったでいいんだ。もう何を見ても治ったことにしよう」と思って2週間過ごしたら、その人があらわれたのですが、あらわれても、「治してもらおう」ではなくて「もう治った」なんです。

それぐらい自分の思考に注意を払って、自分が現実をつくっているということ、だったらどう考えたらいいのかというところを、選んで、選んで、選んでいくわけです。

阿部　今言ったことは、あらゆることにつながるすごく重要なことなので、もう30分ぐらいしゃべってもらってもいい（笑）。

奥平　今日のブログで「今朝、私は願いの叶え方が完全にわかった」みたいなことを書いたんですが、この経験がすごく大きいんです。「じゃ、これはそうなった。もうそうなったことにしよう」。何でもそうです。「お金持ちになったことにしよう」とか、何でもいいです。

阿部　例えば、手かざしで治してあげますと言われて、やってもらったら確かにそうなったと。「アッ、この人が治してくれる」というふうに思ったら、治らないわけだね。

奥平　そうなんです。

阿部　治してくれるというのは、自分が悪いということが前提になるから。あらゆることがそうだとよく言われるけれど、望みがかなったその状態を生きる。これは強力なテクニックだね。

奥平　でも、自分がそこに気をつけていないと、すぐ「治してもらおう」となる。

阿部　今の現実を前提にしてしまうわけです。引き寄せの一番大きなポイントは、今の現実を基準にしない。かなった現実を相手にする。これだよね。

奥平　もうそうなったことにしよう。何を見ても、そうなったことにしようでいいんです。

阿部 例えばこの情報を聞いたときに、愚直なまでにそれができるかどうかです。僕らは複雑だから、疑う、あるいは検証するということに長《た》けているものだから、バカのように「いいこと聞いた。かなったことにしよう！」となる人が少ない。

奥平 そうですね。それができたら、本当にできます。

阿部 かなった状態、これは奥の手だし、本当です。僕も思い当たることがある。だからこれはやったらいいですよね。

奥平 例えば、そのヒーラーさんは確かにすごいし、もちろんお勧めできるんですけど、私が言っていたから、その人に会いに行こうとするのは、やっぱり治してもらおうということです。そうではなくて、「もう治ったことにしよう」というのが本当にできていたら、勝手に何かあなたに合ったものが来ます。

阿部 本当にそうなんだよね。

奥平 これは1回ブログにも書きましたが、確かにいい気分でいたら、願いはかないます。願いがかなった状態は、うれしかったり、楽しかったり、幸せだったり。その状態に自分を持っていけば、願いはかなうんです。だけど、「よし、願いをかなえるためにいい気分でいよう」ではないんです。ほとんどの人がそこに陥ってしまう。

阿部 なるほど。すごくいいことを言ったね。そのとおり。

奥平　さっきのと同じです。「病気を治そう」とか「治してもらおう」ではなくて、「もう治った」。だから、いい気分でいたら、もう終わり、その先はないといつも言っているんです。でもみんな、「まだかなってない」「このやり方は間違っているんだろうか」「まだ足りないんだろうか」と思う。そうすると「まだ足りないんだろうか」が現実化するわけです。

自分が何を感じているのか、何を思っているのかをもうちょっと気にして、調整する。最初はやっぱり調整です。

阿部　あなたの願いを聞き届けてくれたソースは、あなたがそのソースの波動に近づいてくれたら、どんどん加速してあなたの願いをかなえてくれる。そのことをずっと言い続けていても、何とかソースの勢いをつけるためには、自分は今どうしたらいいんだろうとか、まだかなってないんじゃないか、本当にソースに任せておいてもいいんだろうかと考えてしまう。でも、委ねろ。

委ねろということ、そこなんです。そこから抵抗したい、そんなはずはないと思いたい気持ちはわかる。それは人情だし、みんなが共通して持っている。でも、そこに徹した人が、実際に願いをかなえているということです。

★いい気分を選ぼうとしても、不安や恐れ、執着にどうしても負けてしまうことがあります。心から楽しめないのですが、どうしたらいいですか。
★不安を打ち消そうとするのですが、漫然として心の中に不安が広がる場合の対処はどうしたらいいですか。
★気分や気持ちが落ちたときには、どう切りかえたらいいですか。

阿部　同じような人が3人いたので、まとめて読みました。

これも切実な気持ちだと思います。さっき僕が言いたかったのはこのことで、この状態でいきなりワクワクしようとか、楽しい気持ちというのは無理なので、まずニュートラルに戻ることが本当に大事なんです。ニュートラルに戻れば選べますからね。

では、どうやってニュートラルに行くのか。僕が長い人生の中で、これしかないと思っている方法が瞑想です。

実はつい数年前までは、公共の会場を借りるときに、瞑想で借りますと言いにくかった。瞑想だと言うと、担当者に「どのような瞑想ですか」とか「どのような団体でいらっしゃいますか」と聞かれるのが面倒くさいから、ミーティングですと言って瞑想会をやっていました。ところが最近は、例えば、世田谷区の公共施設に瞑想ルームがある。それは多分、マインドフルネスをグーグルが導入した影響なんだろうけど、急に変わってきた。

瞑想は、これから必需品なんです。願望をかなえるためには、やらなければいけないことだと断言したいぐらい必要です。そのうちの1つが、落ち込んだときにニュートラルに戻すということです。

いろいろな瞑想があるので、あなたにとって一番ピンとくるものでいいんですが、僕の都合で言うわけではないですけど、僕が奨励している瞑想が一番いいです（笑）。本当に一番いいからやっているわけで、何がいいかというと、マントラという波動を使って、速やかに瞑想状態に入っていけます。マントラを使っている瞑想はいくつもありますが、その中で最も安い、瞑想に入るのが速い、そして瞑想状態が深い。速い、安い、深い。瞑想界の吉野家と言われているゆえんです（笑）。これはすぐそのときからできますから、もし機会があったらやってみてください。宣伝みたいになりますが、「NIKE瞑想」で検索したら出てきます。NIKEでニケと読みます。僕も教師ですが、僕よりもパートナーの智子さんが5000人以上の方に伝授していますから、彼女のパワーでやるといいです。忘れなければね。誰1人メモをとってないということは（笑）、ちょっと不安ではありますが、一応情報として皆さんにお伝えしました。

感情がニュートラルの状態でも僕はかなうと思うけれども、よりいい気持ちを選ぶというのは、そこにもまた何か1つあるよね。

奥平　自分が感じているものと同じものを引き寄せるので、別にニュートラルで全然問題ないと思いますが、そこからちょっと積極的に自分が楽しいなと思うことをやってみる。本当に小さなことでいいんです。何を食べるかでも、Aを食べるのか、Bを食べるのかで気分は違います。そういう本当に小さなことでいいから、少しでも自分をいい感じに、ニヤッとするような、ちょっと喜んでいるような感じに持っていくと、同じことを引き寄せますので、よりラッキーになります。

★子どものころいじめに遭いました。いじめを引き寄せた原因は何なのかなと思うのですが、いじめられたら嫌だとか思ってなかったので、なぜかなと思います。いじめの内容は、シカト、無視されたということです。

阿部　これは一言で言うのはなかなか難しい。自分がいじめを受けたとか、シカトされたとか、そういうのは生々しく覚えていると思いますが、ズバリ言うと、人の記憶は結構当てになりません。そのときに何が起きたか、その瞬間、その子どもがこうだと決めたことが、本当にそうだったかどうかは、実は疑ってみる余地があるのです。我々は記憶をぐっと握りしめているけれど、意外に思い込みだったりする場合があるというのが1つです。

それから、いじめを引き寄せた原因は何かということは、一概に我々が言えることではなくて、あなた自身が自分の中に見つけようとすることです。さっき言ったように、愛から切り離された状態で生きてきた子は、愛を学んで、愛を伝えるという役目を持っていることが多いわけですが、同じようなことがここで言えるかもしれません。

奥平 内容はシカトされたということですが、自分が自分の心を無視していた可能性があります。絶対そうだとは詳しく話を聞かないと言い切れませんけれど、可能性は高いですね。いじめのことを直接考えてなくても、自分があまり自分の心を聞いてあげていなかったから、周りがそれを教えてくれているということは、よく起こります。

阿部 そういうふうにもとれるね。その意味をどう探っていくかで、いろいろなことが見えてくるはずだから、それを題材として使えばいい。どんな負の経験も、プラスに転じる宝を必ず持っていますから、それをどう見つけるか、ゲーム感覚で見ていったらいいです。これは例外はないです。

奥平 結局、どんなことも自分を知るための材料として使えばいいんです。この状態で言うと、例えばみんなと仲よくしたいのが望みだというのがわかったりもしますし、自分が自分をどう扱っているのかがわかるきっかけにもなります。周りに見えること、起こることを全部鏡として、では自分は今どういう状態なんだろうというふうに持っていくと、相手を変えようとしなくなるし、すごくいいと思います。

阿部 それはすごく重要なことですね。実はあらゆる出来事は、自分が何者であったのかを知る手がかりなんです。そのために起きているとと言っても過言ではありません。

奥平 その視点を持てたら、すごく楽ですね。

★借金がある場合、それをないものとして生きても借金はなくなりませんよね。

阿部 これはちょっと笑っちゃった。

奥平 でも、「もうなくなったことにしよう」と言って、何を見ても「もう終わった」。もちろん請求書が来たら払うんですけど、「これが最後だ」みたいな感じで払えばいいんじゃないですか。そうしたら、だんだん現実のほうが追いついてきます。

阿部 これは気休めを言っているのではなくて本当のことで、試してみる価値があります。あなたは「ないものとして生きても借金はなくなりませんよね」と言っていますが、ないものとして徹底的に生きてから言ってみませんか。

そうすると、宇宙は実際に起きていることと、あなたが信じていることの見きわめができていませんから、あなたが信じたことと現実とのギャップの埋め合わせをしてきます。そのために必要な情報や、そのために必要な人を、あなたのほうに送り込んでくるということもあります。「借金どうしよう。どうしよう」と思っていたときのあなたと、「もう借金はないんだ」と思っているときのあなたでは、そこに出てくる現実が違います。

奥平　もう最後だと思って払ってください。または、何か違うものに対して払っていることにして、借金は終わったと。

阿部　もし万一、それでもなくならなかったら、奥平亜美衣がなんとかします（笑）。

奥平　しません（笑）。自分の現実は、自分で引き寄せてください。

★他者の評価を基準にした願望はかないにくいというような話があったと思いますが、そうすると、称賛を浴びたいという願いはかないませんか。

奥平　なんで称賛を浴びたいのかを掘り下げてください。そうすると、多分、今はまだ自分は認められてないというのが出てくると思います。そうしたら、自分がまだ認められない現実を引き寄せるだけです。

阿部　だから、「称賛を得たい」と言った時点で、もう間違っている。称賛を得てない自分というものが前提になっているわけだから。

奥平　それをつくり続けてしまう。

阿部　全てそこなんだよな。どういうふうにしてチェンジできるか。

奥平　称賛を浴びたいというのが捨てられないのであれば、自分は何をして称賛を浴びたいのだろうと考えて、結果ではなくて過程のほう、何をしたいのかということにちゃんと向き合うといいです。

★いいことが起きた分だけ悪いことが起きるのか。

阿部　さっき何人もいたんだけれど、例えば、引き寄せをしてお金持ちになりました。人間関係も改善しました。そうすると、それだけいいことが起きた分だけ、悪いことが起きないでしょうかというのがありました。

奥平　正負の法則ですね。

阿部　正負の法則というのは、人間をダメにする考え方だね。

そもそも、いいとか悪いとかということは、僕らは一言も言っていません。変な話ですけど、死ぬことだって、いいことか悪いことかわからないし、おカネが入ってくることが、いいことか悪いことかわからない。いいとか悪いとかというのを握りしめていると、いろいろ複雑な、余計なことをいっぱい持ち込みます。ただどうしたいかですから。

奥平　これも、自分がいいことと悪いことは同じだけ起きると思っていたら、そうなります。

阿部　僕に言わせれば、何がよくて何が悪いのかという時点で、真実からずれている。

奥平　自分はどっちがいいのか。望んだら、望むものだけを引き寄せられると思っていたほうがいいのか、いいことには悪いことがくっついてくると思ったほうがいいのか。自分にとってどっちがいいのかです。あなたが正負の法則を信じていたらそれは働きますし、信じていなければ働きません。あなたに創造の力があるのであって、正負の法則に力があるのではありません。

阿部　そういうことだよね。さあ、どっちがいいかな（笑）？　いいことだけのほうがいいよね。

★病気が治らない。神経系の病気と思っていますが、苦しみから逃れたい、治したい、病気が嫌だと思っていると、病気がない現実は引き寄せられないのでしょうか。どのような心境でいればいいでしょうか。

奥平　これはまさにさっきのことですね。痛みとかがある場合は、治ったことにすると言われても確かに難しいとは思います。でも、痛くても「もう治ったんだった」。何を見ても、「もう治ったんだった」。みんな理由をつけたがりますが、そこに理由は要りません。

また、病気の大元というのは、「本来の自分」から離れてしまうことによって起こるケースが多いのです。本当は、あなたは波Aであるのに、必死で波Bになろうとしているときや、本当は波Aでいたいのに我慢していたりするとき、そっちじゃないですよ、というお知らせとして病気という現象があらわれるのです。

ですので、自分は本来の自分でいられているかどうか、本当にやりたいことを抑えていないか、根本的なところの見直しが必要です。

私自身、顔面神経麻痺になったのは、結婚して、日本に戻ってきて、会社員になって1年目でした。人生で大きな病気といえば、これだけです。今思えば、結婚も、会社員もそっちじゃなかったんです。それは本来の自分ではなかった。ちゃんと、お知らせが来ていたんですね。このことは、結婚も会社員生活も無駄だったという意味では決してなくて、必要な経験ではありました。でも、本来の自分の相手ではなかったのと、本来の自分の仕事ではなかった、というのは今ならよくわかります。

★非二元は理解しているつもりですが、まだ体感はありません。一瞥だけはしたいなと思っていますが、それにはやはり瞑想を続けることですか。ズバリ阿部さんと奥平さんの一瞥体験を知りたいです。

阿部　そんなものはどうでもいいわな。

奥平　私は別に一瞥《いちべつ》体験みたいなことをしたわけではないです。ただ、自分の内と外が関係あるというのは、小学生のころから知っていて（おそらく、見えない世界にいたときの記憶が残っていたんだと思います）、エイブラハムに出会ったときに、いい気分を選択しようとやったら、明らかに1カ月以内に現実が変わってきたので、そこで完全に信じた。なので、訓練してそこに近づくことができます。

阿部　また瞑想の話になりますが、瞑想のもう1つの目的は、ソースそのものを感じることです。思考がなくなった状態にもかかわらず、あなたは存在している。ピュアな存在として。それは実は個人的なものではないんです。後で多くの人が会場に残って一緒に瞑想しますが、家でやってもいいです。家に帰って目を閉じて、あなたの社会的な部分、あなたという人を証明するいろいろな条件を横に置く。ただ、今ここにいるということだけに戻ろうとする。そんな時間をつくる。

そのときにそこに出てくる感覚は、多分、幼少のころ、物心ついたときからずっとあなたとしてある感覚です。そこは時間に影響されていないし、出来事にも影響されていません。ずっとあなたが「私」として感じていた部分です。だから幾つになっても、僕らはその歳になったような気がしない。例えば、中学から高校に入っても、「エーッ、もう高校生。そんな気がしない」というのがあった。今も同じような感覚があることでしょう。それはなぜかというと、そこの部分が全く変わってないからです。

時間に影響されていないあなたの存在、しかもそこはあなた個人ではなく「私たち」という存在です。そこは共有しているのです。でも、我々は肉体の中に自分がいると思っているものだから、これは私の感覚だと思っています。実はこの森羅万象、木も草も鳥も豚も牛も、全部内側では同じそれを感じているのです。宇宙の感覚はそれしかないから。宇宙はどこかにあるのではなくて、あなたの中にあるのであって、あなたはいつもそれを感じているわけです。

繰り返しますが、あなたがいつも感じているそれは、あなただけでなくて、実は全ての人が感じています。そのことを体験的に知ると、そこで初めて人に対する慈愛のようなもの、同胞としての共感、命に対する共感が生まれてきます。1人1人の中にその共感が生まれてきたら、今地球が持っている問題、環境破壊であるとか、核の問題は全部終わりです。それがないまま、思考で組み立てた論理によって解決しようとしても無理ですよ。だって僕たちのことを根幹が別々だと思っているわけだから。

私たちが1つの同じものだということは、引き寄せの法則にとってもすごく大事だし、大げさに言うと、これからの人類の新しい文明にとって、ものすごく大切な大前提です。1つの同じものであるにもかかわらず、2人として同じ人はいないという、これが宇宙の神秘であり、奇跡なんです。したがって、あなたという存在は、今まで宇宙の歴史の中で一回もなかった。これからも二度とない、一度きりの稀有《けう》な現象です。それをどう生きるかということが、ここで引き寄せという1つのアイデアで伝えていることですよね。

奥平 はい。

★もっと商品やサービスを売りたいと思ったときの、いい引き寄せ方はありますか。

奥平 「もう売れている」ですね（笑）。

阿部 結局、全部そうなるよね。

奥平 「売りたい」ということは、「売れてない」なんです。売ろう、売ろうとする限り、売れてないのを引き寄せてしまう。そうではなくて、自分がやりたいことを実現する。それによって結果がよくても悪くてもという方向に行ったほうが、結果として売れるのです。でも、結果にこだわるのではなく、本来の自分がやりたいことをやっている、というのが一番大事で、その状態であれば、結果は勝手についてきます。また、売りたい、ではなくて、売れたら自分もハッピーだし、お客さんもハッピーだなあ、というふうに思考を切り替えてみてください。そうすれば、売りたいという不足感から、ハッピーという満足感へ意識が変わります。

阿部 いずれにしても、いい気分を選択して、悪いことはないものね。

奥平 そうです。

★娘が春に高校を卒業してから、何もしていなくてもったいないと思います。相手が変わらないとすると、どういう心持ちでこういう現実に接すればいいでしょうか。

阿部 同じような内容が何通かありました。子どもが引きこもっているとか。

奥平 ユーチューブばかり見ているとか。

阿部 ゲームばかりやっているとか。

奥平 それの何が悪いんですかね。

阿部　そうなのよ。ゲームばかりやっていて、何が悪いのかというところから疑ったほうがいいです。

奥平　そうですね。

阿部　この子は高校が終わってからうちにいる。ラッキーな子だね（笑）。見方によって気分が変わります。そこが大事なんです。

奥平　今は自分が問題だ、問題だと思っているから、問題をつくり出しているわけです。

例えば、私の子どもは本当にユーチューブをずっと見ていますが、それによって日本語が保たれているわけで、すごくいいことだと思っています（外国に住んでいるため）。だから、それがいいことだと思えば、よくなる。問題がなくなります。

お子さんは今、社会に流されるのではなく、自分を見つめる貴重な時間を過ごしている、と思えばいいと思います。

阿部　これは何度か話しましたが、事実だから言います。うちの愚息は、2歳ぐらいからテレビゲームを始めました。2歳で始めたとすると、中学3年生までですから、約13年間、1日も欠かすことなく、最低8時間、毎日、雨の日も風の日も、病気の日も健康なときもやり続けました。そして、中学3年生のときに大きな声でこう言ったんです。「ああ、飽きた」（笑）。これは実話です。8時間というのは控え目です（笑）。

奥平 寝る時間より多いですか。

阿部 多いですね。ずっとやり続けた。僕は、こうやってコンピューターのゲームにはまることで、将来、ゲームのシナリオを書きたいだの、プログラミングをしたいだの、そんなことを言いかねないなと思っていました。でもそんなことは一切言いません（笑）。中3のときに飽きたはずのゲームを、今も家で多分1日最低8時間やっています。ネットで対戦ゲームがあって、またさらにおもしろくなったみたいです。その何が悪いんだという話。

奥平 そういうやってしまうことって、尋常なエネルギーじゃないですよね。

阿部 尋常じゃないですよ。ただ者じゃないと僕は思っています。

奥平 そういう自分がエネルギーを注いでしまうことは、完全に海から来ています。

阿部 そう。しかも、血がドバドバ出るようなやつばっかりやっていた。ところが虫も殺さない、すごく優しい子に育っています。だから評論家たちが言うことはあまり当たってないね。もちろんゲームばかりやらせたからどうということはないですし、何1つプラスのものはないですけどね（笑）。

奥平 でも、今後はわからないです。

阿部 何がよかったかというと、彼は自分がやりたいことをやったという経験則を持っています。親は何も言わなかったし、要は自分の心を基準にして決めていった。その力は、これから生きる上ですごく大事だなと思っているわけです。

奥平 私も、あれやれ、これやれは、一切言いません。本人がやりたいことをサポートするのが親の仕事だと思っています。

阿部 だから心配しない。高校卒業して何もしないなんて当たり前ですよ（笑）。というふうに、まずあなたが考えられたらいいですね。だって時代は大きく変わっていくのだから、何が吉と出るかは誰にもわかりません。

★朝、予定より早く目覚め、もう少し眠ろうとしますが、ネガティブな思考がいろいろ出てきて眠れません。日中はいい気分でニュートラルでいられるようになってきていますが、目覚めてすぐにネガティブだという潜在意識に入る。なんとかしたい。

阿部 これも実は瞑想なんです。顔を洗ってすぐに瞑想するといい。ニュートラルになるから。あなたが本気でやる気があるなら、ネガティブな気分に対処できる方法があります。実は朝起きたときというのは、多くの人は気分はよくない。なんとなく憂鬱《ゆううつ》で、重い気分です。そのとき何をするかです。

まず、目を閉じたまま体を伸ばします。そして一呼吸おいて、目を閉じたまま次に何をするか。おもむろに笑う（笑）。言っておきますけど、おもしろくないですからね。特に朝は憂鬱です。そこを笑う。これは苦しい。おもしろくないんだから（笑）。「おもしろくねえ。ハハハハ」「チクショー。ハハハハハ」と死に物狂いで5分間ぐらいやっていると、そのうちバカバカしくなって本当に笑えてくる。死に物狂いで、命がけで笑っていると、ふっと笑いが出てくるんです。そうしたらその笑いに乗っ取られて、1秒でも2秒でもいいから本当の笑いを経験する。そうしたらまた体を伸ばして、1日の生活を始める。3日間やってみてください。ただし、家族には一言言っておく（笑）。これはやっぱり協力が必要ですね。

奥平　これをもし3日間やれば、3日目にどれくらい奇跡的な方法かわかります。

阿部　そうですね、おかしくなったと思われちゃう。

こう言うと、皆さんはそうかもしれないなと思ってくれたと思いますが、やる人はごく一部なんですよ、不思議なことに。これは本当にすごい。人間はいかに気分によって1日を決めているかがわかります。朝笑うとスカーンとしますよ。ただし、命がけということを言っておきます。まず、おもしろくないですから。

★きのう、お店ですてきなアクセサリーを見つけました。波としての私に似合っている気がする。それをつけると自分の願う自分のイメージに近づきそうな気がします。でも一方で、それを買えばおカネは減ります。不安です。どうしたらいいでしょうか。

阿部　これは答えやすいね。
奥平　買う（笑）。
阿部　そう、買えよ。
奥平　もちろん、一時的におカネは減るかもしれないけれども、それで得ているものはあるわけです。
阿部　大きい、大きい。
奥平　どっちに意識を向けるかだけなんです。そのアクセサリーを買って、つけて、ルンルンとやっていたら、おカネなんてナンボでも来ます。
阿部　本当にそうです。僕は物欲がないんです。厳しい修行を積んできましたから（笑）。その僕が、久しぶりに物が欲しくなった。それは腕時計で、とんでもなく高かった。どうしようかなと思ったんです。人に相談すると、「やめとけ。そんなものを買ったって」と絶対反対する。でも、僕は欲しいわけ。それで買いました。そうしたら気分がいい。なんとなく見せたくなるのよ（笑）。意外にみんな腕時計って見ないんだね。それもわかりました。だから人がどう言うかじゃない。でも気分がいいの、本当に。無理して買ってよかったなと今は思っています。

奥平　私も物欲はあまりないんですけど、アクセサリーは結構好きです。好きなブランドがあって、そこのばかりを買っていて、今日着けているこれもきのう届いたばかりなんです（笑）。そうしたら、ここのブランドのオーナーさんが、私に「今度、亜美衣モデルをつくりませんか」と言ってきてくれたんです。本当に実現するかは今のところわかりませんが、何か一緒にできたらいいなと思います。

何が仕事につながるかわからないわけです。だからどんどん好きなことをすればいい。これはおカネがなくなるまで、破産するまで買えという意味ではないですが、できる範囲で自分を楽しませる、自分のために買うというのはすごく大事です。

★1年前に仕事をやめたことを後悔しています。自分がやめておきながら、また前の会社に戻りたいと思うようになってしまいました。しかし、前の会社の人とのつながりは一切ないし、戻れるとは考えにくい。このような状況でも、本当に望めば戻れることがありますか。よろしくお願いします。

阿部　この気持ち、なんかわかるね。

奥平　わかりますか？

阿部　気持ちはわかる。それがいいということではないですよ。

奥平　これはまず、本当にその仕事をしたいのか、単に次に移って、前よりよくなかったから前に戻りたいと思っているのか、その辺をはっきりさせる。

阿部　そうなの。だってこの人はやめたんだから、そのときはやめたい理由があったんです。でも今の環境に比べたら、昔のほうが楽だったなとか、そういうことを言っているわけです。

奥平　別に望んでないと思います。

阿部　僕もそう思う。切りかえ方としたら、今はもっといいものが入ってくる期間だとか、何か今の状況を肯定的に言える物語を自分に刷り込んでいくというのが1つですね。
なぜならば、目的はいい気分を感じるためだから。全ての目的は、いい気分を感じるためですよ。我々がこれから引き寄せの人生を生きていくとしても、我々がやることは、いつも今いい気分を感じようとすることだけ。我々が人生で努力することはそれだけです。

奥平　もとの仕事に戻りたいと思ったときに、そこに何かキラキラしたものが見えるのであれば、それはそのままで別にいいと思いますが、そんな感じではなさそうですね。

阿部　あるいは、キラキラに見えたとしても、それは今との比較で見えるだけで、思い出が美しくなっているだけです。よりいいものが入ってくると思ったほうがいいです。だって手放さなければ新しいものは入ってこないのだから。

奥平　これを、本当は自分はどんな仕事がしたいんだろうかという時間にしたほうがいいと思います。多分みんな、本当にしたいことなんて考えていません。現実のほうを見て、自分にはこれぐらいしかできないとか、会社で働くしか選択肢がないとか。昔の私も本当にそうでしたからすごくよくわかるんですけど、そうではなくて、自分はどんなことをして生きていきたいんだろうと向き合う時間にしてみたらいいのではないでしょうか。

阿部　引き寄せの基本的な真実を伝えれば、描くときに、今を基準にして描かないということなんです。

奥平　今、できそうなことではなくてね。

阿部　今を基準にしない。今の現実がこうだからと描くのではない。そんなこととは関係なく先を描くだけの話です。

奥平　本当にこうだったら、私の人生、なんてハッピーなんだろうというところですよね。

阿部　そうです。こうやって言葉で言うとすごく軽いし、「そんなことでかなうんだったら苦労はないよ」という気持ちを引き出してしまうとは思うけど、でも本当にここなんだよね。

奥平　本当にそうなんですよ。

★奥平亜美衣さんと阿部敏郎さんのお話、楽しくて大好きです。きょうは参加できてよかったです。天河のリトリートにも参加してみたいけど、派遣でひとり暮らしなのでおカネがたまらず、今は参加できないので、「南《な》無《む》白《びゃく》蛇《だ》形《ぎょう》宇《う》賀《が》耶《や》惹《じゃ》耶《や》蘖《ぎゃら》陛《べい》施《しん》多《だ》摩《ま》尼《に》貧《びん》転《でん》叶《うん》娑《そ》婆《わ》訶《か》」を1万回唱えて、おカネをたくさん手に入れて、天河に行くことがかなうように信じて、毎日、30回ぐらいずつやっています。

奥平　これは質問ではないですね。

阿部　やったらいいじゃない。これも、既にかなっているという気持ちで余裕でやったらいいです。

諭吉瞑想についての質問や意見も結構何人か来ていました。諭吉瞑想を知っている人、いますよね。これは僕のオリジナルですが、諭吉瞑想というのは、この世で一番下品な瞑想と言われている瞑想です（笑）。単刀直入です。

まず目を閉じます。そして、自分の背後に架空の金庫をイメージします。金庫のふたは開けておきます。そして、目を閉じたまま深呼吸をして、心の中で「諭吉。諭吉。諭吉」と唱えると、北は北海道から南は沖縄まで、1万円札がこちらにビラビラビラビラと飛んでくるとイメージします。そして後ろの金庫にタッタッタッタ……。

人というのはおもしろいもので、これ以上怖いという額があるんです。これ以上は怖いと思う、そこでピタッとやめるのがコツです。

そして、ここが大事なところなんですが、たまったら、ふたをして、「ありがとうございました」。これがいいんです。なにも札束を引き寄せるためにいいのではなくて、おカネに対する観念を書きかえるのにすごくいい。

なぜならば、私はそんな大金なんか手に入るわけがないと思っている人が多いからです。何の根拠もないのに、そう信じている人が多い。まずそれを粉砕します。私には、それだけ得る資格があるというふうに自分を洗脳していきます。「おカネなんて」という、おカネに対する否定的な観念も入り込む余地がありません。だって「諭吉。諭吉。諭吉」ですから。そういう効果があるので、これはあながち……。

奥平　これはいいと思います。さっきおカネを望むのでも、将来不安だから望むのだったら不安しか引き寄せないと言いました。これは本当に諭吉が欲しいわけです。欲しいものをちゃんと見ています。さっきの通帳の金額と同じで、自分が欲しいものを見ている。それだけでいいわけです。

★最近、あることをやめたいと思っていて、どうしようかなと思っていたら、先方からなくなる旨の連絡がありました。これも引き寄せでしょうか。

奥平　これは私もよくあります。

★阿部さんの言う、世界一えげつない諭吉瞑想をたまにやっていますが、やっぱりやり過ぎはよくないですか。どのぐらいの頻度でやったらいいでしょうか（勝手にしろですか）。

阿部　本当に勝手にしてほしいですね（笑）。

奥平　これもなんでやるのかなんです。今ないからやるのではなくて、単に諭吉を考えたら楽しくてしようがないのであれば、何回でもやればいいと思います。ただ、やればやるほど「今ないな」となるのだったら、やらないほうがましです。それはちょっと自分に聞いてみてください。

★素直に現金が好きです。見るのが好きです。さっき聞き逃してしまったのでもう一度教えてください。

阿部　何を聞き逃したんだろう。

奥平　おカネの引き寄せ方。

阿部　「諭吉！」（笑）。

★天職に転職したいけれども、やりたいことがわからない。いい気分でいれば天職に出会えますか。自分は不器用ですぐにネガティブになるので、転職する勇気が出ません。

阿部　「自分は不器用ですぐにネガティブになる」なんて、これから先はわからないわけです。そういうことが1回2回あった、あるいは何回もあったかもしれないけれど、これからはわからない。わからないものを決めてしまって、そんな自分として生きていこうとしているわけです。

言葉というのは、そうやって決めてしまうんです。そんなのはわからない。あなたの場合、まずそれが1つです。そしてあなたと僕の違いは、自分をどう考えるかの違いだけです。

自分の天職に転向したいけれども、それがわからない。いい気分でいれば出会えるかということですけど、奥平さんはどう思う？

奥平　本当に自分の中から湧き出るものを追求していけばいいだけです。みんな、こんなことを考えても仕事にならないとか、それでやめてしまう。例えば私も、今のようなことが仕事になるなんて最初は思いませんでした。だけど、なったわけです。伝えたいんだとか、やりたいんだとか、自分から湧き出るものを素直に行動に移せば、だんだんつながってきます。

阿部　誰もが生まれながらにして、そういう役目を持っているのではないかと、最近思うようになったと言いました。その役目がなんで出てきにくくなってしまったのか。オギャーと生まれて、ここまでの人生の中で、不自然な自分ではない自分、社会用の自分をつくってきたから、そっちがメインになっているから、本来与えられているものが見えなくなっているだけです。

この自分を持ちながらも、本来何を望んでいたかを引き出す方法が実はあります。もったいぶっているわけではないけれど、それはここですぐにはできません。それを天河の「再誕と新生のワーク」というのでやっています。

奥平 でも、もう満席です。

阿部 今回は満席ですけれども、また来年やります。皆さん、喜々としてお帰りになる。全国からお喜びの声が続々と届いています（笑）。

天河はいいんです。来週から、奥平さんと２人で天河の場所で引き寄せの法則の実践のワークをしますが、あの場所は、30年前から宮下富実夫さんという音楽家が、ヴォルテックス、ヴォルテックスと言っていたんです。僕はヴォルテックスという言葉を知らなかったのですが、あなたの本を読むようになったらヴォルテックスと出てきた。要は、高い波動ですよね。天河というのは、それが場所としてあるんです。あそこで引き寄せの法則を学ぶというのは、ものすごいことになると、僕は思っているわけです。

奥平 私はまだ行ったことがないんですけど、行くのが楽しみです。

阿部 あそこを引き寄せ真理教の本拠地にしませんか（笑）。

奥平 教祖は私じゃないですよ。

阿部 楽しみですね。また報告しましょうね。

★正負の法則と、引き寄せはどちらが正しいですか。

奥平　あなたが、正しいと思うほうが正しいです。

★独身のひとり暮らしです。仕事を終えると誰かと会話することもなく、日々の中で笑ったりすることもほとんどありません。仕事だけが自分の居場所のような気がして、つい無理をして体調を壊してしまうことも多いです。何かアドバイスをいただけるとありがたい。

阿部　この人は完全に感情をどう変えるか、あるいは考え方をどう変えるかに、すぐに取り組んだらいいですね。そうしたら、人生すぐに変わります。

奥平　やっぱり自分はどう生きたいかです。今は仕事しかないとか、だから頑張らなきゃいけないとか、そうではなくて、自分は本当は何を頑張りたいんだろうというところに意識を向ける。

阿部　さっきの人もそうでしたが、結局、私はこういう人間だみたいな、そういう前提がある。要は、自己イメージというやつです。私はこうだという、そのイメージは完全に幻想です。何度も言うけど、自己なんか、非二元から見たときには存在していないんです。でも我々は、この世の中を生きるときには自己が必要です。今だって僕は、「私」がなければあなたにしゃべれない。だからこれは使っていかなければいけないものであって、使っていけばいい。ただ、どのような自分をイメージして使っていくかは、完全に自由なんです。だって、どっちみち幻想だから。

自己イメージからあなたの信念が生まれているし、その信念からあなたの行動戦略が生まれたり、考え方が決まってきているから、最初の自己イメージはものすごく大事です。

奥平 例えば、仕事を終えて、どんな1日だったら自分はいいんだろうと、まずそっちに意識を向けて、それを引き寄せようとするのではなくて、「もうそうだった」。たとえ家に1人で帰ってシーンとしていても、「きょうはこんないいことがあったんだった」と切りかえてください。2週間ぐらいしたら、何か変わってきます。

阿部 とにかく、この暮らし、このライフスタイルをすぐに変えるのではなくて、今のライフスタイルの中のよさを探す。だって煩わしくなく生きていられるし、自分が思ったとおり生きているじゃない。そういうよさを探して、「わあ、ラッキー」みたいな。そこが言いたいところですね。

奥平 どうとるか。それを寂しいことだととるのか、自由ととるのか。

阿部 自由ととって、それだけのいい気分を感じていれば、現実も変わっていかざるを得ないという話です。

★パートナーが欲しいと思い、自分の理想の条件を素直に思い描いたところ、数日後に、その理想どおりの男性から、ずっと私のことが好きだったと告白されました。その人は面識はあったものの、よくは知らなかった人。でも、いろいろと知っていくうちに、「この人いいかも」などと思うようになりました。しかし、ふたをあけてみると、別居中の既婚男性でした。過去も現在も愛人のいる人だということも知りました。
そこで質問です。パートナーを望むとき、独身の人とか、そういうふうに当たり前のことまで望まなければいけませんか。

奥平　これは結婚したいということですかね。

阿部　それはどうかわからないですけど、パートナーが欲しかったんだから、既婚者だっていいじゃないですか。

奥平　そう、別に関係ない。

阿部　相手に2人や3人女がいたほうが、あなたも負担がなくていいですよ（笑）。というふうに考えることもできます。

奥平　日々を楽しみたいだけだったら、別に既婚であってもいいわけですよね。結婚したいのであれば……。

阿部　私だけを女性として見てくれる人とか、そういう具体的な描き方がいいですかと。

奥平　でも、それは他人を変えようとしていますよね。そうではなくて、あなたが好きかどうかなんです。あなたが好きであれば、別に何でもいいわけです。

阿部　奥さんが数人いようがね（笑）。

奥平　結婚するのが望みであれば、「もう結婚した」です。何を見ても、「もう結婚している私」。みんな現実を見て、すごく心が動くんですよ。それはよくわかりますけど、例えば、この人と結婚したいとします。そうしたら、既婚で愛人がほかにもいても、「私は大好きだからこの人に決めた。この人と私は結婚した」と心から思っていたら、そうなるんです。大事なのは、自分が好きかどうか。本当にこの人と結婚したいのか。自分の問題であって、この人が既婚だとか、愛人がいるとかは、全く関係ないです。

阿部　条件は関係ない。

奥平　はい。

阿部　でも、この人と結婚した後は、この人の条件を背負っていかなければならないですよ。愛人から、もとの奥さんから、全部背負っていかなければならないです。

奥平　そうです。その覚悟は必要です。そこまで好きなのかどうか。好きだったらいいんじゃないですか。自分がその人を本当に好きかどうかではなくて、結婚できるかどうかとか、そういう目で見ていると自分の気持ちがわからなくなります。

阿部 そういうことです。これは願っているそのもの自体がずれているということですかね。

奥平 そうですね。

阿部 本当に好きな人だったら、その人でいいじゃないかということですね。

奥平 そうなんですよ。

阿部 愛人の3人、4人いるぐらいでやめるのかという話ですか。

奥平 普通は嫌ですよ。だから、そういう状況であっても、自分はこの人がいいのかどうかです。そこに向き合う。

★波の望み=エゴの望みは、全て海の望みと一緒でしょうか。

奥平 確かにさっき話した、生まれつきの使命のようなもの、役割、魂の望みというのはあるのですが、それでないとかなわないということは全くないです。なぜかというと、今までみんな、望まない現実をつくり続けていたわけですよね。

阿部　今だって僕たち全員が引き寄せの達人だからね。

奥平　私が会社員をやっていたのは、会社員になりたいと思ってそれをかなえていたわけです。それは全然魂の望みではないと思うけれども。だから、あまりエゴの望みだ、魂の望みだではなくて、何でもかなえようと思ったら、かなえられるんですよ。ただ、魂の望みをかなえたほうが、自分が幸せだし、充実して生きていける。

阿部　こういう質問が来ること自体が、前半の僕らの話を何も聞いてなかったということなんです（笑）。だって、波の望みは海の望みと一緒です。この人は、既に波と海を分けている。波は海の運動であって、あなたが海なんだから、あなたの望みは海の望みなんです。それがたとえネガティブな望みだとしても、海の望みだと言っておきます。そのネガティブなことを、あなたが現実として引き寄せたことも、全てより拡大するための大いなる仕掛けの中で起きていることだという見方ができるのではないかなと思う。

あなた＝全体なんですよ。何度言っても、どうしても分けてしまう。自分が思っていることは全体の望みだろうかというのは、まるで全体がどこかにあるみたい、神がどこかにいるみたいです。ここは何度も言いますけど、あなたがそれですよ。

奥平　自分が何をつくるのかという視点で生きていると、すごく速く変われると思います。

阿部　今、僕が感じていることを簡単にまとめます。

まずソースがあります。これは完全無欠で、完成されている。ただ喜び、そういうものだと思ってください。ソースである宇宙は拡大することが使命というか、そういうふうに条件づけられています。拡大するというのは宇宙の1つの働きです。その宇宙が、より拡大するために、わざとあなたという人をこしらえました。全体があなたという人をイメージして、思考して、引き寄せの法則の結果、あなたが生まれたのです。全体があなたを引き寄せた。わかりますか。ここまでは本当のことです。

なぜあなたのことを引き寄せたかというと、あなたがその全体の最先端のセンサーとしてこの世の体験をいっぱいしてくれることは、宇宙にとって初めての体験だからです。なぜならば、あなたは宇宙にとって初めての現象だから。それを宇宙はつくろうとしている。我々はその役目を担った先兵隊だと思うのが一番わかりやすい。あなたは宇宙の使者なんです。あなたが経験することで、宇宙はより新しい経験を加味していくわけです。そのために我々は生きていると思ったらいいです。

あなたは宇宙の先兵なんだけど、同時に宇宙そのものです。さっきの波と海の関係ですね。そのイメージをどこまで自分が自分に落とし込めるか。私が生きているのは全体なんだということを、どこまで感じられるか。それが引き寄せの法則を使い切っていく上で、大前提のとても大事な理解になります。きょうはそこだけを伝えたいぐらいです。

★一度離婚をしているので、再び同じようなことが起きるのではないかと思い、なかなか恋愛に前向きになれません。でも、すてきなパートナーと今後めぐり会いたいのですが、どうしたらこの恐怖心を克服できますか。

奥平　離婚して、悪いことばかりではなかったと思うんですね。離婚したから、今度はこういう人がいいなとか、より望みがはっきりしたわけです。

阿部　現実に何が起きたかではなくて、現実に起きたことをどう解釈するかが全てです。それをいい気分が感じられる解釈に変えていけばいいわけです。

奥平　もちろん痛みもあったと思いますが、離婚がこんないいことを自分にもたらしてくれたと思えるかどうかです。

阿部　あなたが言ったように、離婚は悪いことばかりではない。悪いことばかりだったら選ばないものね。いいこともいっぱいあったはずです。こんなにいいことがいっぱいある離婚をもう一回するためには、結婚しなきゃならないぞみたいな（笑）。そういう感じでもいいじゃない。

奥平　そうしたらすぐ結婚できます（笑）。

離婚のことを考えたら、どうしても嫌な気分になってしまうのなら、それは置いておいて、結婚まで考えなければいいんです。結婚するから離婚するわけですから、最初は単にパートナーとうまくやりたいというところからスタートする。結婚は、考えられるようになったら考えたらいいのではないですか。

★願いを描く場合、言葉だけで「〇〇が欲しい」と考えるのか、そのものを映像としてイメージをありありと思い浮かべるほうがいいですか。

奥平　どっちでもいいです。どうでもいいと言うと言葉は悪いけど、そういうことは本当にどうでもいいんです。大事なことではない。

阿部　でも、こう聞きたいのはわかる。というのは、人によっては、映像を描くのが苦手な人もいるんです。思考タイプの人は、結構論理とか言葉でいつも物事を整理しているから、映像は苦手な人もいます。でも、それはどっちでもいいんですね。

奥平　そうです。ただ、これを聞くということは、まだ自分はできてないと思って不安なわけです。そうではなくて、みんな、もうつくっているんですよ。もう既につくっているんです。引き寄せてないわけではなくて、引き寄せています。

さっき阿部さんがおっしゃったように、言葉だけでもいいし、映像が好きな人は映像を伴ってもどちらでもいいんですけれども、大事なのは、そこに対して本気かどうか。本当にそうなったらいいなと思っているかどうかです。思い描く回数もタイミングも、湧き上がるままにしておけばいいわけです。

阿部　いつもいつも考えようというのは、自分がコントロールしているということだから。

奥平　結局、何でこの質問をするかというと、願いをかなえたいからです。そうではないんですよ。かなえようとすることは逆効果なんです。

阿部　これは何度も言っているけど、人は聞きたいように聞くから、結局、聞き逃してしまう。一回願ったら、いつまでも「諭吉。諭吉」と言っていてはダメなんです。一回描いたら、あとは僕らがやることは、気分がいいほうを選ぶだけ。速くそれを進めるためによく念じようとか、それは自分がコントロールしようとしていることだから、逆効果なんです。どこまで信頼できるかです。

奥平　湧き上がってきたものは海の願いだから、必ず海がかなえてくれると思っていたら大丈夫です。

★主人の不満について。何がこの人をこうさせているのか。心の気づき方を教えてください。

奥平 これはこの間、私のイベントに来てくださった方の例を出します。

その方はここにいらっしゃるので話しにくいんですけれど、ご主人がだんだん家におカネを入れなくなった。それですごく困っているというご質問でした。

私も、自分自身、旦那が働かなくなったという経験があって、最初は、なんでこの人は働かないんだろうと向こうを責めていたわけです。だけど、ふと気づいた。私がやらなきゃいけないとか、頑張らない自分には価値がないとか、頑張らなければ愛されないとか、そう思っているから、この人はそれを実現するために働かないで、私が頑張れるようにしてくれていたんだと気づいた瞬間がありました。それに気づいて1カ月後、彼は「働くわ」と言って、働き始めました。それでも結局は離婚したんですけど、そういうことがありました。

自分の心の奥底の願いがかなうように、必ず相手は動いてくれているのです。

阿部 「何がこの人をこうさせているのか」。それはもう、その人はそういう人なんですよ（笑）。

奥平 その人に意識を向けないという意味では、確かにその考え方はすごくいいと思います。

でも、自分の心持ちを変えたら、その人はエッというぐらい変わります。

阿部　具体的にはどう変えたらいいですか。

奥平　「自分が何の願いをかなえたいと心に思っているのであれば、この人はこういう行動をとるだろう」というふうに考える。

阿部　この方は、これからもご主人と一緒に何かを築き上げていきたいという気持ちがあるから、こうやって質問してくれていると思います。そうであれば、1つの具体的な方法としては、さっきも言ったけれども、その人のいいとこ探しをする。

奥平　それは大事ですね。でも、なかなか難しいですよね。

阿部　難しいと思うけどあなたが言わないでくださいね（笑）。

奥平　旦那だと一番難しい。

阿部　なぜかというと、競争しているからです。勝ち負けの世界に入ってしまうんです。そうすると、悪いところばかり目につくのに、その人のいいところを探すのはどこか悔しいわけです。それで多くの人はやらない。でも、もしあなたがその人に変わってほしいのであれば、直接変えられないので、あなたの見方を変えるしかないわけです。そのためにはその人のよさを探す。

だって最初はよかったから結婚したわけです。最初から、「何がこの人をこうさせているんだろう」と思いながら結婚はしないです（笑）。そのときはそう思わなかったわけだから、そういうところもある。実はご主人は、出会ったときとあまり変わってないんですよ。

奥平 変わったのは絶対自分です。

阿部 見え方が変わった。相手もあなたの見え方が変わってきている。お互いに見え方が変わっているだけです。

奥平 わかりやすい例で、例えば旦那さんがおカネを浪費して困るというご質問を結構いただきますが、それは絶対に自分が自分の買いたいものを我慢しています。だから見せてくれている。我慢したいという願いをかなえてくれているんです。そんなふうに考えていくと、何か気づきがあるのではないかなと思います。

阿部 とにかく、起きている現象を、いかに肯定的に見るかということがまず1つです。これはいい気分を感じるためやったほうがいい。それをやって、そしていい気分を感じる。人生の中でやることはそれだけでいいですよね。

奥平 そうです。

阿部 これは何もするなということではないです。すべきことがあなたの中で衝動として出てきます。おなかが減れば食べるし、食べるためにこの仕事をしたほうがいいとわかればやる。

奥平　みんなトイレに行きますよね。そういう感覚でやるようなことを、やっていればいい。

阿部　そういうふうに考えても、時間になればあなたは会社に行くだろうし、やることはやっていく。そこは変わらない。でも、それに対する見え方が変わっているわけです。

奥平亜美衣さんの場合は、経理の仕事をしていて、それが嫌で嫌でたまらなかった。会社の雰囲気も悪かった。会長さんがワンマンでいろいろあったらしいです。でも彼女は、本当に悔しかったけれど、電車の中で会社のよさを見つけて、紙に書いて……。

奥平　それを毎日読んでいた。それを始めて3週間後に、会社の休みが増えました。

阿部　まずそれが起きた。次にすごいことが起きます。

奥平　そして半年ぐらい経ったときに、海外出張の仕事が私にバンバン回ってくるようになりました。

阿部　経理ですよ、経理。

奥平　なんでかというと、まずタイのベテラン経理が急にやめた。それで会社の経理がグチャグチャになって、助けてくれよみたいなのが来て、私しか行ける人がいなかったから行ったら、ほかの子会社も……。

阿部　それがいいとこ探しをして半年目。その後、またすごいことが起きた。3弾目ですよ。その会社の嫌な雰囲気をつくっていたワンマン会長が死んだんです（笑）。

奥平　そっちのほうが早かったかもしれないです。もう忘れましたけど。

阿部　奥平亜美衣、恐るべし。

奥平　いやいや、殺してないですよ（笑）。すでにご高齢だったので…。

阿部　これはもう理屈じゃない。実際そうなんだから。みんなそうすればいいわけです。

奥平　殺したいと思っちゃダメですよ（笑）。

阿部　それは寿命で死んだだけですからこっちに置いておいて、それよりも今起きている出来事をどうプラスに見るか。人生は摩擦だから、いろいろな嫌なことがあるはずです。それをどうプラスに見るかの癖、習慣、アイデア、そこにまず長けること。いいこと探しの名人になる。それが秘訣です。

奥平　でも、願いをかなえるためにそれをするのではないですよ。

最終的に願いはかなうのだけど、願いをかなえようと強く意識してはダメですね。かなわない現実にフォーカスしていることになるから。

私は、ずっと、ただいい気分でいてください、そこがゴールです、と言ってきたつもりなんですが、最近、みんな願いをかなえるためにいい気分でいるということをやっているんだということに気づきました。そうではないと、ずっと言ってきたと思うんですけど。

阿部　きょうもこの話をあなたは何回もしています。でも皆さん、家に帰れば「私はきょう何を学んだかしら」と思う。そんなものです。それでかなわない。

奥平　楽しくてよかったな、だけでいいんです。きょうは皆さん、夜、おいしいものを食べてください。本当にそれだけでいいんです。

阿部　それできょう、3時間何の話を聞いたのかよくわからなかったら、また次回いらしてくだされぱいいわけです（笑）。

奥平　でも、きょうは3時間、いい話をしました。

阿部　言い切ったよね。あとはやるだけ。

奥平　核心を全部言いました。私自身も、ここまで思えるようになったのは本当に最近なんです。

阿部　ここまでというのは、具体的にはどういうこと？

奥平　自分がそうなったことにすると思ったら、そうなるんだ。

阿部　つい最近、と言っても5～6年前。年をとると5～6年前は最近なんです（笑）。すごく仲のいい友達が沖縄にいて、彼とは存在の話とかをいつも対等にしていた。ところがある話題になると、彼の前で卑屈になる自分がいる。何の話題かというと、おカネの話題です。彼は実業家で大成功者で、何億ということをすぐ描けるわけです。「阿部さん、ここにこんなのをつくったらおもしろくない？」とか、「この木を、ここからこっちに持ってきちゃいましょうか」と僕に言う。そのたびに、僕は「いくらかかるんだろう」と思うわけです。そうやっておおらかにビジョンを語れないことで、自分の中でキュッと卑屈になってしまう。

これは何か変だなと本当に思った。それでどうしたかというと、このぐらいのバッグを持つことにして、そこに1億3000万円入っていることにした（笑）。なんで1億3000万かわからないけど直感です。でも1億3000万というのはちょうどよかった。そのカバンを僕はいつも持ち歩くようにしました。特に彼と会うときは、1億3000万持っていく（笑）。そうすると、彼が「ここに木を植えて、ここをこうして、ここは全部取っ払っちゃって」と言っても、カバンに1億3000万あるものだから、「おお、いいね」と言える（笑）。

そうすると、そのおカネが実現するためのアイデアとか人とか、そういうのがどんどん現実化してくるのです。結果、いくらとは言わない。下品だから、そういう話はしないけど、そのとき自分が思いもしなかったようなおカネがいろいろな形で入ってきました。これは実話です。

奥平　思いは、本当に思ってもみないようなことでかなっていきます。でもみんな、どうやったらかなうんだろうと。

阿部　予想できてない形で来ます。おもしろいね。

奥平　やっぱり私たちは波なんです。でも、実体は海です。波から海は、全部はわからない。本当は海なんだけど、全部はわからないです。だからこの願いがどこから来るか、どうやってかなうかわからない。でもみんな、わかろう、わかろうとする。わかろうとするというのは、かなえようとするのと同じです。かなえようとすると、かなわないわけです。

阿部　何度も言いますが、フォーカスがかなってないほうに行っているから、かなわない。「もう既にかなったんだ」です。

奥平　例えば、おカネが欲しい。残業すればちょっと増えるみたいな、自分が信じている範囲では、確かにこうすればこうなるというのは、そのとおりになります。月収がいきなり何十倍にもなるみたいな、何か信じられないようなことを達成するには方法を考えない。わからないから、考えてもしようがないです。

阿部　そこもすごく大事ですね。

まとめ　自分は創造力を持った存在であることを自覚する

阿部　最後に、もう一回だけ箇条書きでポイントを伝えたいです。

＊願いをかなえようとするのではない。既に願いがかなっているあなたを生きるのだ。

＊起きている現実、こうだったらいいなという現実はいっぱいあると思いますが、その現実を改善するために願うのではない。願いそのものになるのだ。なぜならば、これを改善するぞと言った瞬間に、改善しなければいけないことが既に現実となる。それが引き寄せられてしまうから、かなっていることをやる。

＊今起きていることがどんなに大変なことだろうと、どんなに忌まわしいことだろうと、その中のよさを探す練習をする。

＊我々が日々やることは、いい気分を感じようとすることだけだ。あとはあなたが必要なことはやっていくから、計画する必要はない。

奥平　とにかく、自分というものは、それほど創造力を持った存在なんだということを自覚してほしいです。

阿部　想像力ではなくて、創造力ですよ。

奥平　さっきご主人が不満だという質問がありましたが、自分が不満だから不満なんです。向こうが嫌なやつだから不満なのではない、自分が不満だから不満なんだ、自分が全部つくっているのだ、それぐらいのすごい存在なんだという自覚があると変えていけます。

阿部 何一つ周りのせいにしない。全ては自分がつくり出しているのだという立場を完全にとっていく。これも秘訣です。

では、この後、7~8分休憩をとって、瞑想に入ります。

奥平亜美衣さん、どうもありがとうございました。（拍手）バンバン一緒に幸せになっていきましょうね。

＊ここで次ページ以降に従って、本当の望みを現実化する「創造のワーク」をやってみましょう。

創造のワーク

step 1 あなたの望みは何ですか？

step 2 それを望む理由を、いくつでも正直に書いてください

step 3 あなたの本当の望みは何ですか？

step 4 その望みが叶ったら、どんな毎日を送っていますか？
どんな感情を感じますか？

step 1 あなたの望みは何ですか？
家族の金運も
仕事運も呼び込む
カネのなる木になりたい
step 2 それを望む理由は何ですか？
自分が楽しいことに没頭できるように
家族のことをおカネでクリアにしたいから
本当は望んでいない
誰も邪魔せず、おカネも湧いてくる、天涯孤独だとしたら
step 3 あなたの本当の望みは何ですか？
南国に住みたい
アホな踊りを踊りたい
望みに意識が向いた
＝ 創造のスタート

30秒間「いいな」となることで
頭をいっぱいに

○○さんと
毎日楽しく
笑顔でいたい
幸せな
お金持ちに
なりたい
好きなだけ
旅行に行ける
経済的余裕が
ほしい
衣食住全て
よいもので
満たしたい

創造のタネを植えつけた

step 4 その望みが叶ったら、どんな毎日を送っていますか？
どんな感情を感じますか？

幸せ
満たされる
感動
楽しい
自由

現実化の始まり

落ち着く
最高

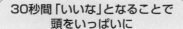

タネをどう育てるか ～意識づけの訓練～

引き寄せようとすると かなわない
いかに委ねるか、信じて放っておけるか

↓

現実を見て
余計なことは考えない

・引き寄せようと
していない状態になる
・ただ、毎日幸せや喜びを
感じる

もうそうなった
ということにする

・「アッ、もうそうだった」と
淡々とやるところが大事
・1日1回でもやっていると
必ず変わってくる

↓

ありのままを受け入れる

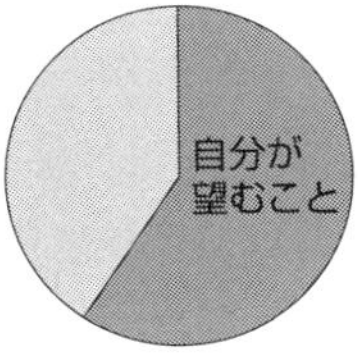

50%を超えると
現実は絶対に変わってくる。

↓

自分が人生をつくっている。
自分が現実を引き寄せている。

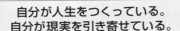

Part 3

魂の望みに目覚めるために
「存在の真理」と「引き寄せの法則」が
語る意識の世界

２０１９年12月　東京・両国にて

引き寄せの法則にも効果的！　絶対他力の瞑想ワーク

阿部　こんにちは。きょうは期せずして冬至の当日です。さっき13時19分に冬至点ということで、令和最初の冬至ですね。さっき聞いた話では、冬至というのは夜明けのようなもので、今までは夜がどんどん長くなってきて、ここからは昼が長くなっていく。だからきょうは、もしかしたら元日以上に新しいスタートにふさわしい日かもしれない。そういう日に、あなたのような人とこうやって対談できるのは、これから何かいいことが待っているぞという予兆であってほしい私です（笑）。

奥平　常にいいことが待っています。

阿部　始まる前に、ちょっとみんなで瞑想しました。皆さんが集まってくる時間帯だったので全員ではなかったので、今からもうちょっとがっつりというか、15分間ぐらいの瞑想をしたいなと思います。

きょう、ちょうど玄関のところにこのCDが置いてありました。図ったわけではないいんですけど、これは僕が推奨しているNIKE瞑想という、惣領智子さんの瞑想にいざなうためのCDで、すごく音がいいんです。なぜかというと、CDにはアーティストのアイデアが入っているわけですが、結局、最終的に音をつくっているのはエンジニアです。このCDのエンジニアは、J-POPや歌謡曲といいますか、SMAPとか、そういう一流どころをやってきた有名な人なんです。

その人が沖縄が好きで、沖縄に引っ越したおかげで、僕なんかも苦労なくレコーディングをお願いすることができました。そうしたらこの人は偶然、まだ若いころに僕のデビューアルバムの担当エンジニアだったそうです。名前も変わっていたから全然知らなかったので、アーッとなった。そんなことがありました。

今からそれをかけます。ガヤトリー・マントラと彼女の声自体に、僕らの波動といいますか、そういうものを落ち着けてくれる力があります。ですから、今から流れる音楽に身を任せることと、そして皆さんと一斉に瞑想することと、きょうは冬至という特別な日でもあることと、いろいろな意味でいつもの瞑想とはちょっと違う感覚が訪れると思うので、そんなことをしてみたいなと思います。

では、皆さん、ちょっと伸びをして血行をよくしましょう。瞑想に不慣れな人もいるかもしれませんが、実は引き寄せの法則にも、とってもいいんです。

瞑想とは、一言で言うと何もしないことです。何もしないというのは簡単そうに見えますが、我々人間は、実は何もしないということができなくなっています。何もしないということさえ、しようとする。

しようとするのが我々の自我なんです。何もしないというのは、自我がないということです。私という感覚がなくなったときに、完全な受け身、絶対他力になるのですが、これがなかなかすぐにはできません。とにかく、自分でいい瞑想をつくろうとか、集中しようとかせずに、ただこの場のエネルギーに身も心も任せて、ただリラックスしていく。今は、我々は安全ですから。

ふだん僕らは、人のことを、社会を、警戒しているのです。自分以外のものに対して微妙な警戒がある。その警戒が緊張感として我々の体や心をキュッと締めつけています。それを解き放していく。ふだん我々が無意識に緊張し、警戒しているということは、無意識に不信感を持っているわけです。そんな傾向に気づきながら、安心、信頼、委ねる、そんなキーワードでちょっと力を抜いていきましょう。

では、ＣＤをお願いします。

（瞑　想）約20分

阿部　それではそろそろ瞑想を終了します。すぐに目を開けたりしないで、まずは瞑想を終了するということを心の中で決めて、そして、例えば腕をもんだり、首を回したり、あるいは伸びをしたり、あなたのやり方で体を少し回復させてください。あくびが出そうになったら、あくびも全部出してください。

占星術の話――99％の人が魂の設計図からずれている!?

阿部　奥平さんは、占星術のほうにも関心があるみたいですね。

奥平　関心はあります。私は専門家ではないので、これが正しいとか、詳しいことは言えないけれども、自分自身が自分の星とかを知っていく中で、生まれたときのホロスコープが、本当の自分の魂の設計図になっていることがわかりました。これは教えてもらったのもあるし、ちょっとネットとかで調べただけでも情報が出てくるので、それで自分で結構わかるんです。

私自身は、何かを伝えていくというところに人生のライフワークがちゃんとある。いわゆるブロガーとか作家とか、そういう人たちは基本的にそこにあるらしいです。もっといろいろ細かくあるんですけども、メインのライフワークは何かというのは簡単にわかる。自分の生まれた時間がわからないとちょっとわかりにくいですけど、時間がわかると簡単にわかります。

メインのライフワークを知るだけでも、今の自分の道が魂の道に合っているのかがわかる。ホロスコープは絶対に魂の設計図になっています。何か証拠を出せと言われると無理で、そうとしか言えないという感じなんですが、それがわかるだけでも、現実の自分と魂の自分の道が合っているのかがわかります。

知り合いの占星術の方が言うには、99％の人が魂の設計図と自分の進んでいる道がずれているらしいです。そこが合ってくると、本当に物事がトントン拍子に、引っ張られるように進んでいく。「こっちだよ。こっちだよ」みたいなのに乗っていればいいだけというような感じで展開していくのは私も経験しています。当時は、それが魂の道だとは全然わかっていませんでしたが、「ああ、そういうことか」みたいな経験をしました。

阿部　それを聞くと、占星術の生まれた日とか時間とか、それから設計図を知らなきゃいけないというか、99％がずれているというと、多分僕もずれているんだと思う。

奥平　わからないです。阿部さんは乗ってそうですけどね。

阿部　そうかな。今の99％という言葉にすごく弱気になっちゃった（笑）。

奥平　よく、やりたいことをやればいいと言うじゃないですか。確かにそれは正しいんです。やりたいことをやったら、うまくいくようにこの世はなっています。ただ、本当にやりたいことが何かを知っている場合はいいんですけれども、それがなかなかわからない。

阿部　そこは引き寄せの法則の隠れた真実というか、あまり表に出てこなかったものすごく重要なポイントだと思っています。さっきお昼を食べながらちょっと話したんですけど、きのうの夜、さてあしたはどんなテーマで、切り口でいこうかなと考えて、それを話したら、彼女も全く同じことを考えていた。

奥平　そうなんです。きょうはそれしかないでしょう。

阿部　僕もそれしかないと思った。ここまで一致すると、あとは結婚するしかない（笑）。
その話題はおいおい出てくるだろうけれど、その前に、占星術でもう1個聞きたかったのは、今のは1人1人の生まれたときの星の配置です。それとともに、人類規模というか、社会規模というか、全体として何か変化が訪れているということを、よく占星術の人たちが言っています。あなたもさっき、去年、ことし、来年、この3年間がピークだと言っていたけど、その辺をちょっとお願いします。

奥平　本当の自分に還るエネルギーみたいなのが来ている3年間です。天体の配置的にそうだという説明なんですが、いろいろな変化が起きていると思います。自分で気づいてなくても、例えば勤めていた先が潰れたとか、何かすごく大きな問題が起きて方向転換をせざるを得ないとか、逆に、自分の本当にやりたいことが見つかった人もいるかもしれない。どうなっていくかは人それぞれなんですが、いろいろな変化が来ています。中には頭で考えていたのと違うのが来ている人もいるかもしれないけれども、必ず導きはあります。魂は肉体に対して、この肉体が魂の道を歩んでくれることを必ず望んでいるから、引きというか、導きというか、それは絶対にある。起こってくることをよく見ていればわかります。

阿部 その話は、僕は個人的にも、ものすごく思い当たるわけです。外側の状況が変わっていくとかだけでなくて、内側も、前だったら考えられなかったことを、当たり前のように受け入れ出すというか、難しいと思っていたことが、すごく簡単に見えてきたり、そういう変化が実は去年、ことしあるんです。だから今、そういうときが全体として来ているというのは、自分に照らし合わせてみても腑に落ちるところがある。

奥平 せっかくだから、この波に乗ったほうが生きやすい。乗らないと失格とか、そういうことではないですけど、乗ったほうが人生楽しく、生きやすい。本来、人生というのは楽しくて、喜びにあふれて、健康です。そこが自然の状態なんです。

阿部 本来は、喜びにあふれて幸せで健康。それは本の印税がたくさん入ってこなくても（笑）？

奥平　それぞれの道で必要な豊かさは来ます。それが本来なんです。

阿部　それはよくわかる。おカネとかそういうことではなくて、本来、我々の本質は喜びだというのは、内側の経験的にわかる。だけども、その上に思いがあって、その思いが大抵否定的な思いなわけです。

この二元の世界というのは、よくよく見てみると、全部比較です。よく「比較するな」というアドバイスをする人がいるけれど、それは無理な話です。暑い、寒いも比較なわけです。同じように、幸せ、不幸も比較です。他者との比較の場合もあるし、過去の自分との比較もある。今、あなたが「私はこんな状況で」と言っているのと同じ状況でも、もっとひどい状況だった人は、「ああ、やっとここまで来た」と思うかもしれない。全部比較なんです。

奥平　本当に日本から一歩出たら、全然変わってきます。

阿部　あなたはアジアの貧しさを見てきただろうからね。

奥平　そうなんですよね。比較してしまうのは、しようがないと言えばしようがないですけれども、ただ、それぞれの魂が持ってきたものが違う。それぞれ目的も達成するべきことも違う。全員がオンリーワンだから、違うとわかれば、比較する意味がわからなくなります。通常は、社会として何か目指すものみたいなのがあるから比較してしまうけれど、別にそこに行かなくていいわけです。

人間はなぜ本来の自分を生きられないのか

阿部　本来、生きることは、すごく単純で、簡単なことなんです。だって人間以外の全ての動物は、簡単に生きているじゃないですか。人間だけが複雑になってしまった。「ねばならない」とか、いろいろなものが刷り込まれていくから、「こうじゃいけないんじゃないか」みたいな思いにさせられてしまうというのがあると思う。

そのうちの1つに、僕らは正しい社会人であること、正しい組織の一員であること、そこからはみ出してはいけないと、奴隷と言ったら言い過ぎだけど、従順な被支配者になるための教育をたたき込まれたと思う。これは今の時代だけでなくて、昔から、例えば村で共同体をやっているときから、そこから行き過ぎると村八分になったり、いろいろなことがあった。社会で生きざるを得ない人間の宿命が、自分の思いよりも社会的にどうなんだろうかということを優先してしまう。そういうことで自分を生きられなくなったというのがあると思う。

奥平　小学校から始まって、テストで優劣をつけられて、本当に弊害しかない。学ぶべきことはもちろんあるけれども、害は大きかったなと私自身も思います。

阿部　あなたのような一見高学歴な、一見勝ち組の人がそう言う。

奥平　うちは基本的に、いい学校に行って、ちゃんとした社会人になりなさいみたいな家だったんです。それでしようがなくやっていましたが、「それって幸せなの？」というのは中学校のころからずっと感じていましたね。

阿部　違和感があった。

奥平　はい。ただ、小さいころは親がいないと生きていけないからやっていました。

阿部　違和感があって、子どものころは仕方がないからそこで甘んじる。でも、その違和感をずっと持ったまま大学を出て、あなたはすぐにイギリスに行くよね。

奥平　大学の後、ちょっとファッション関係の専門学校に行っています。本当はそっちに行きたかったんです。だけど、大学に行かないという選択肢は家的になかったので、大学に行きました。でもやりたいから、ファッションの専門学校に行ったんです。でも行ったら行ったで、これを仕事にするのにはちょっと違うなと思って、その後、イギリスに行きました。でも、今でもファッションは好きです。

阿部　ということは、あなたは22歳ぐらいのときに、ファッションは合ってなかったかもしれないけれど、自分のやりたいことをやり始めたわけですよね。普通に就職しなかったのだから。それが22歳でできた人と、30歳になってもできない人もいるわけです。

奥平 40になっても50になっても、よけい社会の枠組みに入ってしまう。

阿部 あるいは、親の言うことを聞くという感覚から抜けられずにいる。僕なんかに相談に来る人の中に、例えば拒食症の人がいる。そういう人の話を聞いてみると、完全にそのタイプです。

奥平 自分を生きてないと、体に出るというパターンはすごく多いですね。

阿部 そして今の時代は、今言ったような仕組みの中で、我々は自分を生きることが難しくなっていたものが、自分を生きなさいよという内なるメッセージと、外側の状況の変化が否応なく訪れて、そっちのほうにガーッと向かわせようとする流れが来ているというふうに考えていいのかな。

奥平 そうです。もう偽りではいられない流れが来ているはずです。

阿部 さっきの話に戻れば、生きるというのは、本当は単純で簡単なことなわけです。では、どうやったら今、我々が単純で簡単に人生が生きられるかというと、自分の本音を聞いて、本音を語るんです。そしてそれを生きる。

そのとき怖いんです。何かを壊してしまうのではないかとか、人はそのことをどうとるかとか。結局のところ、他者基準で生きているから、他者がどう思うかとか、他者がどう判断するかのほうが、自分の心よりも大きくなっているものだから怖い。それをやったらうまくいかないのではないか。今だって十分に幸せではないし、今だって十分な成功を手に入れているわけではないけれど、何とか自分のやり方でここまで生きてきたのに、そんなふうな生き方をしたら、それさえも台なしになってしまうのではないかと恐れを持つわけです。

不肖、阿部ごときが言う話だけど、僕自身もそれがある。こんなに生意気に存在の真理は云々なんて話していても、生身の人間として、やっぱりそれが残っているわけです。それが去年ぐらいから、なんかガラガラガラと来ている。

奥平　もういいやと。

阿部　「もういいや」と言うと捨て鉢だけど、あなたは人の人生だと思ってそういう言い方をするけど（笑）、「こうだ」という、もっとポジティブな気持ちです。

奥平　私もこういうことを発信し始めたときに、最初はものすごく怖かったです。周りからどう思われるだろうというのが一番怖かったんですけど、「もういいや」という瞬間があったんです。

阿部　それは、人の目とか、人の評価とか、そういうものはもういいやということだね。

奥平　そうです。

いい気分の実践から始まる魂につながった本音の生き方

阿部　僕は、まだ完全にはできていないけど、多分、今奥平さんが言ってくれた流れに乗った1人だと思う。乗った人は僕だけでなくて、この中にはいっぱいいると思うけど、その1人だと思う。そうして思うのは、それをやり出したら、物事の回転が本当にスムーズになった。こうしたらこうなっちゃうぞなんていうのは1個も起きてないし、むしろ、すごいスピードでワーッといろいろなことが展開していくわけです。しかもそれはやりたいことだから、ワクワクするわけです。すごく幸せです。

待てよ、引き寄せの法則というのは、まずそういう幸せな気持ち、満足感、生き生きとした気持ち、そういうのを持つんだよと言っていたな。でも、それを持とうとしてもなかなか難しかった。

奥平　阿部さんは、少し前から引き寄せの本を読み始めて、いい気分でいるということを実践し始めたでしょう。それをやっていくと、魂にだんだんつながってくるのです。

阿部　おかげさまで、ありがとうございます（笑）。今、恩着せがましい話だったね。「あなたも私の本を読んで学んだと思うけど」みたいな（笑）。そういうふうに聞こえなくもなかった。

奥平　いや、道筋を語っただけです。本当にそうなっていきます。最初はいい気分でいてください、幸せを感じてくださいと言ってやり始めて、本当の自分を思い出して、今の道と違うから、だんだんいい感じでいっていたのが急に会社がダメになったとか、そうなるんです。それは一見、嫌なことであっても、導かれているわけです。

阿部　新しいものは、古いものの崩壊からしか生まれない。それなのに、古いものに必ずしも満足していないにもかかわらず、人は古いものの崩壊が怖い。それを手放すのが怖い。

奥平　私もそうでした。会社に全然満足していないのに、やめたらどうなるんだろう。でも、やめたらいいことしかなかったです。これはやめろという話ではないですよ（笑）。もちろん、会社の中にやることがある人もいます。でも、私はそうではなかったから。

阿部　例えば、家庭生活なんかもそうかもしれない。自分がこれは仕方がないと思って甘んじていることが、実は仕方なくない。それも自分が選んでやってきていることで満足してないということは、大抵の場合、恐れから選んで、その状況に甘んじているだけの話で、「本当の魂の声はそこにありませんよ」ということを、流れが教えてくれているわけですよね。

奥平　そうです。

阿部　おもしろい時代だね。みんなで乗ったらどう？　ここの中に取り残されそうな人は何人ぐらいいるの（笑）？

奥平　私は霊能者じゃないのでわかりません。でも、きょう来ているということは、魂はもう前を向いていますよね。こういうことに何も気づいていない人たちが、外にはいっぱいいるわけです。

阿部　逆に、そういうことに気づかないほうが知的だと思っているわけです。こういうのは、よくスピリチュアルという言葉で一くくりにされて、悩んだ人の心の救済の場所だとか、あるいはお花畑だとか、そういうふうに見て、「私は関係してないから健全だよ」みたいに思っている。

奥平　「現実を生きているわ」とか。

阿部　その現実は、実は現実ではなくて、その人の思いがつくっている、価値観の中で組み立てている現実であって、そんなものは全部幻想です。でも人は、そこをもう一回検証しようとしない。それで自分はちゃんと生きているみたいに思いたい。

奥平　そうですね。世の中的にいい仕事についていればついているほど、気づきにくかったりします。

阿部　なるほど。それはおもしろいね。

奥平　うまくいかない人は、そこで気づきがある。

阿部　うまくいかない人のほうが早いよね。うまくいっていたら、そこに問題意識を持たないから。

奥平　もし、なんか違うと思っても、手放しにくいじゃないですか。

阿部　それは我々の仮面も同じです。大体我々は社会用の仮面をつけているわけだけど、その仮面も、研ぎ澄まされたいい仮面をうまいことつけた人は、なかなか取れない。僕みたいに失敗した人間は、結構外すのが簡単だった。うまいこと緻密につくっていると、なかなか外せません。だから、失敗こそ成功への近道だと、いろいろな角度から言えるなと思う。

本音を生きるっていいな。僕はそれまでは、例えば人にモノを頼むときも、その人が一番受け入れやすい頼み方とか、図々しく思われない言い方とか、一々吟味してではないけれど、無意識のうちに本能的にそういうのをパッと見つけてお願いしていた。お願いしているのに、お願いしている私はいい人でしょうみたいな印象を与えたい。そういう姑息《こそく》な生き方を結構してきたなと思う。それもつい最近、すごく思うようになった。こう言うと、おまえ今までどうだったんだよという話になるけれど、何事も正直に、率直に言えばいいんだよね。人生はそれがまず始まりだと思う。我々は社会の中で生き残るために、今僕が言ったような術《すべ》をどこかで身につけている。それが本当でない、あえて遠回りの人生、そして喜びでない人生をつくっているようなものです。

「現実から逃げたい」ではその現実がかなうだけ

奥平　自分の中の「こうしたい」「ああしたい」に素直になればいいのですが、そこ自体がわからない人も結構いるかもしれません。

阿部　本音を生きる、自分を生きるというのは、引き寄せの法則の言葉で言えば、「素直に願う」ということの前提です。素直に願うというのは、本当の自分から願うということでしょう？

奥平　そうです。でも、ほとんどの人は、「現実から逃げたい」というのが望みになってしまっています。

阿部　だからその望みがかなうわけだ。

奥平　そう、逃げたい現実しかやってこないです。

「ゆほびかGOLD」という金運アップ系の雑誌から取材の依頼が来て、おとといお話をしたんですけれど、「とにかく楽をしたい」とか「会社をやめたいから宝くじを当てたい」は絶対に当たりません。「楽をしたい」「会社をやめたい」「今が嫌だ」がかない続けるから、それは願っているようで願っていないわけです。

では、どうすればいいのか。宝くじが当たったら何をしたいかです。「ここに行きたい」「あれが欲しい」「これをしたい」というほうに、ちゃんと意識が向いているか。すごく微妙な差なんですが、ちゃんとそちらに意識が向いていたら、宝くじが当たるか当たらないかは別としても、「やりたい」「欲しい」「行きたい」がかないます。

最近、ZOZOTOWNの前澤さん（当時）がユーチューブを始めて、通帳の金額を出したりしているらしいです。めちゃめちゃおカネを持っているわけですが、もし自分が前澤さんだったら、このおカネを何に使うかと考えてほしいのです。そちらにちゃんと意識が向いていたら、それを引き寄せる方向に進むのですが、ほとんどの人が「今が嫌だ」のほうが意識の中で莫大なボリュームを占めている。

阿部　彼みたいな人の社会的な貢献というか、彼が無意識のうちに果たしている1つの貢献は、おカネをいくら持っていても幸せと関係ないということを証明してくれている。そこはすごくいいと思う。

望むときに、素直に望むのではない望み方として、あなたは「今じゃないもの」「今から逃げたい」という言い方をしましたが、もう1つは、それと似ていますが、今抱えている問題を回避したい。例えば、誰か自分にとってすてきなパートナー、伴侶となる人があらわれないかなという人も、誰かを愛したいからではなくて、今のこの生活に嫌気が差しているから、「もっと私にふさわしい人がいるはずだ」みたいな、そういうことから願っていると、それは無理だよね。

奥平 そうです。それは願っているふうなだけで、本当に願っているわけではないのです。

阿部 多くの人が問題回避とか、今の状態から抜けるとか、そういうところから願ってしまう。不幸な原因をなくせば幸せになれるのではないかと思っている。

奥平 そうではなくて、とにかく何をしたいのかということです。

阿部 自分を抑えつけながら生きてきたから、何がしたいかが出てこなくなっちゃった人も中にはいますね。

奥平 あとは、これをやりたいような気がするけど、やっても何になるのかなとか、成功するならやるではダメなんです。ただ、なんかこれが気になる、やりたい、ということを追求していけば、魂の道にたどり着きます。

でも、例えば成功しそうだったらやるとかも、全部外から入ってきている観念じゃないですか。

阿部 それは成功すれば幸せになれると思っているからじゃないですか。引き寄せの法則でも、おカネを引き寄せるというのがあった。おカネがあれば、今よりも幸せになっているはずだというイメージがあるから欲しいわけです。あなたが言っている、例えば「海外に行きたい」とか「これが欲しい」とか、そういう具体的なものではなくて、そうなればもっと幸せになるだろうという漠然とした思いが自分を突き動かすわけですね。

ところが、そうなってみても、結局は今のあるがままの自分がその状況の中にいるだけです。僕はこの年になってそれがわかった。自分の夢が全てかなったときに生きている私は、今の私と違うような気がしてないですか？　全ての夢がかなったときの私は、今の自分ではない。もっと幸せで、心もこんなふうになっていて、生き生きとしてという、違う私がそこを生きているようなイメージを持っているのではないかと思う。

それは完全な間違いです。前澤さんがいっぱいおカネを持っていようと、おカネがなかったときの彼と、実は同じなんです。同じようにイライラするときもあれば、同じようにまだ足りないと思うときもあれば、同じように人に対して嫌な感情を持ったり、人から言われたことに傷ついたり、結局、今のあるがままの我々と、どこまでいっても変わらない。これが実は人生の真実です。ところが今が苦しいものだから、今の状況がなくなれば、きっと違う私がいるはずだと。これは大きな間違いだと僕はすごく思うわけです。

「自分」イコール「世界」――我々は生かされている

阿部 そんなことを言ったら、引き寄せも何も夢がなくなるじゃないかと思うかもしれないけれども、結局のところ、僕なりにはしょって言うと、引き寄せの法則というのは、何か願うと、その願いがかないますよというのは、表面的なエサだと思う（笑）。

奥平 一見そうなるんですけど……。

阿部 そんなものはエサで、本質はどこにあるかというと、今あなたがどんな自分を創造しているのかという、ここに来るのだと思う。エスター何とかさんという謎の意識体があるでしょう。

奥平 エイブラハムです。

阿部 エイブラハム、1人ではなくて、いっぱいいるんでしょう？

奥平 集合体らしいです。

阿部 僕はその世界はわからないけれど、結局のところ、真実は時間という幻想を超えたところの「今ここ」にある。この洞察しかないわけです。多分そのエイブラハムさんたちも、そのことを言っているはずです。そのようにして生きることが、そういう状況になってきますよと。でも、状況がそうなろうと、なるまいと、今ここで満たされて、最高の自分を創造していたら、それで解決しているわけだから、今がゴールなわけだから。

奥平 そうです。

阿部 引き寄せって一体何なの（笑）？

奥平 でも、本当に自分が満たされてきたら、本当に現実は変わります。

阿部 そうなんだよね。

奥平 そこで、「ああ、本当に『自分』イコール『世界』なんだ」みたいなところに行けるんです。

阿部 すごい重要なことをサラッと言うじゃない。僕は、今みたいな言葉を、すごく仰々しく、「実はね、我々の意識が世界をつくっているんですよ」と言うわけです（トーンを低めて）。「私たちの世界は意識がつくっているから」みたいに言うからひっかかりがない（笑）。そういうところはドラマチックに言わないと。でも、そのとおりです。それも真実のズバリそこです。あなたの意識が、瞬間、瞬間つくっているのです。

これも個別に私が存在していると思っているから、私という思いも、私という個人の思いだと思ってしまうから、なかなか伝わりにくい。あなたは全体なんですよね。

奥平　これをやりたいとか、いろいろな望みとかが出てくるのも、結局、思わされているのです。

阿部　思わされているし、生かされている。一から十まで、我々はさせられている。今だって目を開けていて、あなたは自分の意思で見ていると思っているかもしれないけれど、見せられているのです。もしあなたが自分の意思で見ているのだったら、目を開けたまま、見るのをやめてごらん（笑）。できない。聞くのをやめてごらん。できないから。

奥平　できないですね。

阿部　そういうことが刻々と起きているんですよ。何ひとつ、我々は自分の力でやってない。全部生かされている。思いも何も、あなたが考えているのではなくて、湧いてきている。感情も、選択も、衝動も、全部そうです。

奥平　だから、そこに乗っかっていけばいいだけなんです。そうしたら、幸せで、楽しくて、喜びいっぱいに本当になります。

阿部　さっき言いたかったのは、僕も勇気を持って自分の本音を言うように、本音を生きるようにした。今、ガンガンいろいろなことが変わっているけれど、本音を生きるようにしている。そうすると、さっき言ったようにワクワクしてくるわけです。それまで、ワクワクから入ろうとすると、気分が落ちているときもあって、そういうときは「バカヤロー、今ワクワクなんかできるもんか」と、奥平亜美衣に対して腹が立つわけです（笑）。ところが自分の選択を生きていると、ワクワクしてくる。そうすると、あなたが言ったように、状況がどんどん変わってくるわけです。これはもしかしたら、まず正直な自分を生きるというところから始めるのも1つの手かなと思いました。だってワクワクはついてくるのです。

奥平　そうですね。「私」というのは、そもそもワクワクなんです。

阿部　それを生きればいいわけだよね。

奥平　魂というのは、そもそも好奇心なんです。だから「楽《らく》したい」とかはダメだと言っているわけですよね。

阿部　いいことをサラッと言うね。「そもそも魂は好奇心」。すばらしい。それが創造につながっているわけですよね。

その好奇心をなめちゃいけない。宇宙があなたという人を創造して、今度は創造されたあなたが創造することで、宇宙は間接的にその創造を楽しもうとしているわけです。そのあなたに創造してもらうために与えた力が好奇心です。

奥平　そうです。好奇心を忘れなければいい。でもみんな、現実を見て「稼がなきゃ」とか、そういう方向で抑えつけているから、うまくいかなくなる。

魂が反応することに使えば必要なおカネは入ってくる

阿部　おカネというのも徹底的に概念というか、その人の意識がおカネとはどういうものかということを決めていることであって、そこを見抜けると、モノの見方がちょっと変わります。

例えば、給料30万の人は、なんとか40万にならないだろうかと考えるわけです。でも、全然そうではない考え方がある。そうすると、価値の違う、額の違う、そういう発想や人生がそこから始まってくる。人は枠みたいなものを自分で決めてしまっています。

奥平　エイブラハムのおカネの引き寄せの法則というのがあって、それをもっとわかりやすくした超訳版がもうすぐ出ます。そこに、おカネというのは、空気と同じである。1年分ため込むことはできないけれども、呼吸するように、吸いたければ吸って、吐き出したければ吐けばいいみたいなことが書いてあります。それをエッと思わずに、そうだなと受け入れる。

阿部　鵜呑みにしたら勝ちだね。

奥平 そうです。

阿部 今の「呼吸」というたとえもすごくいい。やっぱり深く吐いたときに、深く吸える。そういうことだよね。バンバン使って、それでもし入ってこなかったら、ゴメンねという話だね（笑）。

奥平 使えば入るというのは、間違いではないけれど、そこに豊かな気持ちが乗っていることが大事で、やっぱり波動なんです。見返りを求めて使うのは違います。ただ使いたい、これが本当に欲しい、これに本当に魂が反応するということに使っていれば、それに必要なおカネは絶対に入ってきます。でも、「おカネを引き寄せてやるぜ」とやったらダメです。それは完全に不足感だから。

阿部 そうだね。もっとお金が欲しいんだというのは、今私は貧しいんだということを言っているわけだからね。

奥平 そんなふうな気持ちで使ったらなくなります。

阿部 もっとおおらかな気持ちで、私を生かしているものは無尽蔵の、無限の創造性であり、この宇宙には無限の豊かさがあり、私はその全てを創造できるだけの能力が既に与えられているのだと。これは事実だと僕は思っていて、そのことを思い出すというのはとても大きいことだね。

OSHO（『あなたの魂を照らす60の物語』の著者）について

奥平　11月（2019年）に、OSHOの『あなたの魂を照らす60の物語』という私の翻訳本が出ました。この本は、とにかく自分自身は全部内側にあるよ。自分でいればいいんだよということを繰り返し、繰り返しいろいろな話で伝えています。

阿部　OSHOを知らない人がいるかもしれないけれども、この方は1990年ぐらいに亡くなっています。亡くなってもう30年ぐらい経つのかな。それまですごく影響を与えた人です。アメリカのオレゴン州に修行道場をつくったら、アメリカ中から知性が高い連中、能力がある連中がバーッと集まってきて、それまで荒野だったところが見事な緑の楽園になった。そこまではうまくいった。1年間でオレゴンで一番の納税者になって、ロールスロイスを90台も持っていた。別に彼が買ったわけではなくて、彼が「ロールスロイスが欲しい」と言うと、世界中からバーッと集まってくる（笑）。

奥平　すごい創造ですね。

阿部　彼は欲しいものを「欲しい」と正直に言うだけ。「くれ」とは言わない。それでバーッと90台ぐらい来る。

奥平　本当に、欲しいものは「欲しい」。それだけでいいんです。

阿部　そう、それだけ。そういうことも批判の対象になったわけです。というのは、宗教家たる者に欲望があるのかという話になるわけです。本来、そんなこととは全然関係ないのに、無欲を説くものだから、清貧を説くものだから、宗教家が贅沢《ぜいたく》をしていると、精神的レベルが低いというふうに普通見てしまう。僕はそんなことは関係ないことはわかっているけれども、それでバッシングされた。

もう1つ、一番大きなバッシングはセックスです。彼はこの世の問題、いわゆる劣等感であるとか、罪悪感であるとか、権力欲であるとか、それは全部1つの同じもの、性の抑圧から来ていると言うわけです。社会的な正義が許さないから、誰もが不自然な性の育ち方をする。本来だったら、15歳ぐらいから芽生えて、20代ぐらいまでが一番盛んなのに、その時期に性に健全に対処するシステムができてないものだから、「おまえらスポーツやれ」とか、そういう価値観が僕らもあったよね。それが心の歪《ゆが》みになっていると彼は言うわけです。

一番奥にある、一番見えないもの。社会がタブーにしているから、見ようとしないわけです。まず、それをなんとかしろ。そのときに初めて健全なモノの見方や考え方ができるぞということで、彼はそれを自分のコミューンでやらせたわけです。田舎町で農家が全部で50軒ぐらいあったのですが、昼夜関係なく、コミューンから女性のよがり声が四六時中聞こえてきた。

彼は、一切抑圧するなと言った。それはフリーセックスを奨励していたのではないです。性を満足させろではない。彼は、性を超えろ、性を解決しろ、完了しろと言っただけです。そういう目的の中で、やりたいことは全部やろうということで、一日中女性の声が聞こえていた。農民たちは敬虔《けいけん》なクリスチャンで、そこは一番自分のことを戒めてきたわけです。人というのは、自分が戒めていることをやられると腹が立つ。大体人が批判するのは、自分が自重しているものをやっている人です。しかも性という、命に一番近い、どうしようもない欲求を解放し出したから、すごい反発が起こった。それをおもしろがって、中に入り込んで写真を撮って、写真週刊誌みたいな形で流布する人もいて、「あそこはセックス教団だ」となったわけです。

爆弾を投げ込まれたり、いろいろなことがあって、彼らは自衛のために武器を持ち出した。余談だけど、全然レベルが違うけど、それをまねたのがオウムです。形だけまねた。オウムはさておき、そのようにしてOSHOのコミューンは崩壊していきました。

OSHOに対しては、今でも評価が真っ二つに分かれています。あれは邪教を推進したカルト教団の聖者もどきだったという人も半分ぐらいいる。片やもう半分は、彼の残した言葉にはまっている。彼はほとんど本を書いていません。彼女が今回訳したのは、僕は初めて知ったんだけど、彼が物語を書いたらしい。

奥平 数少ない本人が書いたものです。

阿部 彼の本は何百冊も出ていますが、全部彼がしゃべったことなんです。毎朝1時間ずつしゃべり続けた講話録が残っていて、その言葉は、今僕が読んでも一言も真理から外れてなくて、完全です。だから今から5年ぐらい前に、僕は復刻版を5冊出させてもらいました。僕も35年ぐらい前に、それぐらいはまっていた。今、35年経って、奥平亜美衣さんのような、言ってみれば違う分野で活躍した人が、OSHOの本をこうやって翻訳してくれたというだけで僕は感慨深いものがあります。

さて、OSHOの説明はしましたが、あなたが翻訳したこの60の物語はどんな内容だったんですか。

自分の本当の望みを知るための方法

奥平　その前に、さっき人が批判したくなるのは、自分の中で抑圧しているからだというお話がありました。

阿部　そう、我慢していることをやられると腹が立つ。遅刻しないようにしようとしている人は、遅刻されると腹が立つ。

奥平　皆さん、こいつはムカつくとか、世の中でこれは許せないとか、絶対にあると思います。自分の好きなこととか、やりたいことは、わかるようで、わからない人がいっぱいいるのです。でも、ムカつく人とか、自分が嫌いなものとか、批判したいものはすごくよく知っています。その中には、必ず自分の魂を知るヒントがあります。抑圧しているけれど、本当はやりたいんです。だからムカつく人を思い浮かべると、すごく大きなヒントになります。

阿部　本当はそれがやりたかったんだということですか。

奥平　そうです。きのうもあるイベントがあって、「会社の上司がとにかく空気を読まない人でムカつくんです」という質問がありました。話してみると、やっぱりその人はもっと自由に発言したいと思っているんです。でも、それはいけないことだと思い込んでいるから、批判になってしまう。だから、すごく嫌いな人は、自分を知るすごくいいヒントになるんです。

阿部　さっき出てきたZOZOTOWNの前澤さんも、急にみんながワーッと言い出したのは、月に行くとか、あんな贅沢をすることに腹が立った人がいる反面、アイドルの女の子とつき合って別れたということに腹を立てている人も結構いるんです（笑）。

奥平　みんなそうしたいんですよね。

阿部　そうしたいからよ。

奥平　自分はそうしたいんだというのを認めてあげるのはすごく大事です。

阿部　取っかえ引っかえ若い女の子とつき合っていくということに、俺はすごく腹が立ったんだよ（笑）。

奥平　気づきがありましたね。

阿部　はい、自分を見るきっかけになりました（笑）。

奥平　嫌いな人を、あいつがどうだと言っている限りは何も変わらないです。だけど、「あの人が嫌だということは、自分の中に何があるのかな」と転換するだけで一石二鳥ですよね。

阿部　自分が何を望んでいるかという素直な望みを発見する道でもあるね。

奥平　はい。みんな好きなことはわからなくても、嫌いなことは絶対知っていますから。

阿部　いいこと言うね。きょうはすごくさえているね。

引き寄せの法則で最も重要な3つのこと

阿部　引き寄せの法則というのは、僕があなたから教えてもらった限り、大きく3つしかない。1つは「素直に望む」。もう1つは「引き寄せようとしない」。そして3つ目が「今、いい気分を感じる」。僕は代表的なのはその3つかなと思ったんだけど、「素直に望む」という言葉が意味している、その奥にあるものは、きょうのここまでの話で随分整理できたね。

奥平　そうですね。例えばエイブラハムの本を読んでも、「望めばいい」とは書いてあるけれども、宇宙人だから、地球人の複雑さはわからないのかなと思う。

阿部　宇宙人ってそんなバカなの（笑）？　俺は地球人のことをみんなわかっているのかと思った。

奥平　でも、いろいろなお話を聞いている中で、「それ、望んでないでしょう」みたいなことがいっぱいあったんですよね。例えば、「こんな人になりたい」というのをよくよく聞いてみたら、職場で評価されるからそうなりたいと思っている。よくあるのは、「結婚したい」とか「子どもが欲しい」というのも、社会的にそうあったほうがいいからという人がすごく多いです。

阿部 社会がお互いに見張り合っていて、「あの人、40過ぎているのにまだ1人なのよ」みたいなことを言うから。

奥平 放っとけという感じですよね。自分が本当にそうしたければ、すればいいわけです。本当に好きな人ができて、本当にこの人と一緒になりたいんだったら結婚すればいいし。

阿部 そこが大事だね。本当に好きだったらそうすればいい。「幸せな家庭をつくりたいからこの人と」とか、そういうのは間接的で、やっぱりずれている。

お互いに魂の成長を高め合うパートナーとの関係

阿部 そうすると、世の中の結婚は、ほとんどうまくいかないんじゃない？

奥平 私も結婚している友達はたくさんいますけど、ほとんど何らかの悩みがありますよね。

阿部 僕の言い方をすると、僕自身も長く生きてきて、たくさんの友達が結婚しているけれど、結婚していて幸せなやつを、俺はひとりも知らない（笑）。

奥平 ゼロだとは思わないけれど、結婚というのは学びなんですよ。

阿部　学びね。そういうふうにとるしかないよね、苦しいから（笑）。そういうふうにして自分に言い聞かせるしかない。「学びだ。学びだ。魂の成長のためにこの苦しみがあるんだ」と。そういう正当化が何か必要だよね。

奥平　より自分を知るために、魂の縁のある人が、お互い学びましょうねと。そこも決まっているんですよ。

阿部　ツインソウルという言い方をするけれども、本当のツインソウルというのは、お互いを磨き合う存在だから、うまくいくわけがない。うまくいっちゃったら磨き合わないからね。ということは、みんな人生苦しいけど、うまくいっているということか（笑）。

奥平　ある意味で。でも、そこでちゃんと自分に対する学び、気づきがあれば、だんだんうまくいくようになる。パートナーの文句ばっかり言っていたら、何も変わらない。

阿部　文句ばかり言っていたら自分も苦しいし、文句を言われている人も苦しいし、その現実も変わらない。

奥平　はい。

阿部　よく言われることだけど、人を変えることはできない。おのれを見つめて、おのれが変わることによって、結果、人や状況が変わってきますよと、よくセオリーとして言われる。

奥平　本当にそうなります。

阿部　そこを徹底的に自分というところに持ってこられるかというのが大きいよね。人を責めているときは、「私は正しい。相手が間違っているんだ」と、こっちが優位に立っているから責められるわけで、責めていること自体が私の中の問題だとは考えにくい。普通、人情は、明らかにこいつの行動が私を苦しめたのに、それを私の問題として考えるなんて不条理じゃないかと思ってしまう。でも、それをするしかないわけだ。

奥平　私は離婚しましたけど、パートナーが働かなくなったんです。やっぱり向こうが悪いと思うじゃないですか。それで文句を言っているときは絶対変わらないです。ずっとそのまま。あるとき、ある人に「亜美衣さんは、旦那さんが働かないことによって得していることが絶対にあるはずだ」と言われて、「エッ、何だろう」と思って考え始めたら、私はずっと「やってあげなきゃいけない病」だったということに気づいたんです。

私が途上国に行っていろいろ見てきたという話がさっきちょっと出ましたが、20年ぐらい前にそういう世界に行ったら、日本とは全く違う。今は大分発展してきていますけど、当時は1カ月の給料が3000円という世界でしたから、本当に衝撃を受けて、幸せとは何かとか、考え始めたんです。それは自分にとって必要な経験だったんですけれども、それと同時に、日本人として何かやってあげなきゃいけないみたいな、ちょっとゆがんだ思いが芽生えてしまった。この人たちはかわいそうだみたいな気持ちが芽生えて、その流れで旦那さんとも結婚していた。私の「やってあげたい」という願いがちゃんとかなうようになっていたんです。そういうつながりで結婚したんだなということに気づいたことで、離婚を決心できた。

阿部 もうこのゲームはやめようということだね。

奥平 はい。別に嫌いだったわけじゃない。今でも友達だし、好きだった部分もあるんですよ。でも、それよりもやってあげなきゃいけないという理由のほうが大きかったんだなと。

阿部 なるほど。例えば、やってあげなきゃいけない病という、そういう気持ちは、その病気になっているときには気がつかないよね。

奥平 正しいと思っている。いいことだと思っているわけです。引き寄せとかに出会って、そうではないんだということがだんだんわかり始めてから、やっぱり関係がおかしくなってきて、そこで私もいろいろ考えて学ぶみたいなことがありました。

阿部 それはある種の自己催眠だよね。そうやって信じて、それが正しいと思っているわけだから。そういう自己催眠を、僕らはそれぞれの個性の中でいっぱいやっているんじゃないかな。

奥平 それに気づいて、一切やってあげるのをやめたら、本当にだんだん変わりました。

阿部 自分で生きていくしかないとなってきた。

奥平　今まで自分がこうさせていたんだと。

阿部　あなたもその彼をつくっていたわけだね。

奥平　もちろんそうです。もうラスボスですね。最後の大きな学びみたいな。
今、パートナーのことでいろいろ悩みがある人もいっぱいいると思いますけど、自分さえ気づけば、必ず解決します。だから落ち込まないで、絶望しないでほしいです。

阿部　その気づき方なんだけども、例えばパートナーシップが幸せじゃないとしようか。「幸せじゃないのに、なぜ私はここにしがみついているんだろう」というのが1つの問いかけのきっかけになるかな。

奥平　例えば女性だったら、別れたら経済的にやっていけないという人も多いと思いますけど、そういうのでつながっていると必ず問題は起きてきます。

阿部　確かにそうだ。これは物理的なこともあって、この世は徹頭徹尾、男性社会なんです。男性はそれに気がつかない。当たり前だし、便利だから。でも女性は、不公平だとみんな気がつく。大体30過ぎぐらいから気づき始める。若いころは男がチヤホヤするから気がつかない。30とか40になってきて、「あれ？　不公平だ」。電車に乗っても、「前だったら私のことをみんな見ていたけど、最近はあっちばっかり見てるし」みたいに、そのころから女性はこの男性社会に腹を立てるらしい。

奥平　一般的にはそうだと思うんですけど、私は男女差があるということに本当に気づいてなかったんです。学生時代は、男女差はないじゃないですか。自分が頑張ればテストの点にしたって男女差は関係ない。その世界で生きていたから、男女差があるとあまり意識してなかったんです。そうしたら会社にも男性と変わらない職位で入れて、変わらない給料だった。だからあまり男女の格差は感じたことはないんです。それも自分がそう思ってないから、自分がつくり出しているのです。

阿部　そうは言うものの、同時に、例えば結婚して、本当は別れたいけど別れられない原因の中には、別れた後の女性の経済的な自立の難しさというのがこの社会にはある。

奥平　ありますけど、自分がそうでないと思えば、そうでない世界がつくられますし、本当の自分を生きようとしたら、それに必要なおカネだったり、全般的な豊かさはついてきます。

今を変えたかったら意識改革しかない

阿部　ということは、一から十まで意識改革しかないということだね。

奥平　そうです。何か今を変えたかったら、そこしかないです。

阿部　何を自分が恐れているのか。そういう恐れている世界観、社会観というものをなぜ私は持ってしまったのか。本当は先のことはわからないのに、恐れているわけだからね。

奥平　別れた次の日に、石油王に出会うかもしれないじゃないですか（笑）。でも、みんな今の延長線上でしかないと考えてしまう。そうではないんです。どうしたいかです。どう生きたいか。そこに立ち戻ってくるだけです。

阿部　例えば「どう生きたいかだけです」みたいなメッセージも、そのとおりだとずっと思っていたけど、それを僕の口からは言うのはちょっとはばかった。なぜかというと、そこを徹底的にできてない自分がどこかにあるから。

奥平　阿部さんでもそうなんですか。

阿部　僕でもそれはあった。そんなふうに見えない？

奥平　はい、自由に生きている感じです。

阿部　いやいや、僕みたいに奥ゆかしい男はいませんよ（笑）。それがどこかにあって、「自分の心を生きるんだよ」なんて、ドーンとは言えなかった。それが本当にこの何年間で、言えるようになったんです。それは自分でそこが一致してきたから。この僕も本当に怖かったの。でも、一致してきて、やってみたら、本当にスムーズなんです。これは誰かにできて、誰かにできないということではないと思う。

奥平　そうなっているんですよ。

阿部　なっているんだと思う。

奥平　魂を表現するために生まれてきているのだから、自分さえそこに向かえば、ちゃんとトントントンといくようになっています。

阿部　その魂の表現は、必ずしも社会がウェルカムするものではないかもしれないわけです。だって1人1人違うのだから。

奥平　私も、もし選べるのだったら、スピリチュアルとかではなくて、例えばアーティストとか、普通にいい感じのものを選びたかったけど、もう選べないですよ。

阿部　どこかでスピリチュアルをバカにしている（笑）？

奥平　バカにしているのではなくて、私の中での真実ではあるけれども、やっぱり世間的に。この部屋にいる方はみんな受け入れてくれますけど、ここから一歩外に出たら……。

阿部　一歩出たら結構みんな冷ややかに見るからね。

奥平　はい。つらいわと思って。

阿部　僕なんかは、こういうことをやり出したのは35年前だけど、友達がほとんどいなくなったものね。

奥平　でも、新しい人が来ましたよね。

阿部　ここに来る人たちは、僕のブログを読んでいる人たちもいるけれど、僕のブログを読んでいるなんてことは周りに言えないんですよ。ここにも秘密で来ている人が多い（笑）。ここはそういう孤独な人たちの傷をなめ合う会なんです（笑）。社会はまだまだ我々に冷たいけど、でも我々は本当のところを生きようとしている。時代の最先端を生きようとしていると、いつの時代も冷たく見られるんです。

話を戻すと、自分のことばっかりですけど、本当に心と一致してくると、すごく楽だし、すごく気持ちいいし、たやすいんです。だから生きるというのは簡単なことなんだなと思うわけです。

奥平　生きることは難しくないです。

阿部　能力ではないし、才能でもない。

奥平　やりたいことを実現するためにちょっと頑張らなきゃみたいなところはありますけど、それも楽しい。

阿部　頑張るという気はあまりない。一晩中ゲームをやっても、「頑張ったぞ」なんて思わないものね。

この何年間にそういう波が来たということを、僕はみんなにもう一回伝えたい。今、来ているからね。その言葉に何かを感じた人、そうしたい人、もう乗れよ。自分をがんじがらめにしているその檻《おり》から抜ける勇気を持てよ。

本当の僕らの役目は、さっきも話したけれど、仕組みを話すことではなくて、そのようにしてそれぞれがつくってしまった檻から、どう引っ張り出すかということなんだと思う。それが言葉なのか、本なのか、あるいはワークなのかは別としても、やることはそれしかないと思います。勇気を持たせる。

奥平　勇気は大事ですね。この本の中にも、大事なのは勇気だみたいな話がありました。

『あなたの魂を照らす60の物語』の短編を読む

阿部　60個も短編があるので、あなたが一番好きなところを読んでください。

奥平　では、一番好きなのは別にあるんですけど、次に好きなのを。この本にも、とにかく「自分でいなさい」ということが書いてあるんですけど、それが一番強く書いてあるのをまず読みます。

第34話「自分を受け入れる」

ある日、私は森にいた。雨季の最中で木々は喜びにあふれていた。私は一緒にいた人たちに尋ねた。

木々がとても幸せなのがわかるか。なぜ幸せなのかわかるか。木々は自分たちが本来あるべき姿になっているから幸せなのだ。もし種が別のものであるのに、木が別の何かになりたいと望んだら、これほどまでの幸せは森の中に存在しないだろう。だが、木には理想という概念がなく、その本質によって求められる姿になっていく。展開していくものが、そのものの本来の姿や性質であるときに充足感が得られる。

自分に抵抗している人間は不幸だ。人間は自分のルーツに反抗し、本来の自分とは違うものになろうと絶えず奮闘している。こうして人間は自分自身を失い、生まれながらの権利である天国をも失ってしまうのだ。

友よ、本来の自分になりたいと願うことが望ましくはないか。本来の自分以外になろうとする全ての努力をやめることが望ましくはないか。自分以外の存在になりたいというその願いこそが、人生における全ての不幸の主な根源ではないか。本来の自分とは違う存在になろうとする努力ほど不可能で無意味なことがあるか。全ての人は、本来の自分自身にしかなれない。種の中に木々の成長が隠れているのだ。別の何かになりたいという願いは、絶対にかなわないのだ。なぜなら、初めから自分の中に隠されていないものが、どうやって最後にあらわれるというのか。

人生は生を受けたときに織り込まれ、隠されているものの発現だ。発展や成長というのは、ただ本来の自分の発見そのものであり、隠されたものが発現しないとき、そこに不幸が生まれる。もし、母親が我が子を子宮に一生抱え続けることになったら、言葉では言いあらわすことができない耐えがたい苦痛を感じるだろう。同様に、本来運命づけられた自分になれない人は不幸になる。

だが私には、皆が同じレースで競っているように見える。皆、自分とは違う何かになりたがり、そして誰も成功することはない。最終的な結果はどうだ。結果は皆、本来なり得る自分になれないでいる。本来の自分とは違う自分になることは不可能であるため、なりたいと夢見る自分にもなれないのである。

ある種族の王が、生まれて初めて大きな町へ行った。王は、自分の写真を撮ってもらいたかったのだ。王はスタジオに連れていかれた。写真家は門のところにこう書かれた看板をぶら下げていた。

お好みの写真をお撮りいたします。
あなたご自身の写真　10ルピー
自分が思うところのご自身の写真　15ルピー
他人にこう見せたいというご自身の写真　20ルピー

こんな自分だったらと願うご自身の写真　25ルピー

素朴な王はこの看板に驚き、「最初のタイプの写真以外を撮りたがる客が来ることがあるのか」と写真家に尋ねた。写真家は「最初の写真を撮りたがった客は今まであらわれたことがない」と答えた。

あなたは写真家からどの写真を撮ってもらいたいだろうか。あなたの思考はどう答えるのか。心の奥底で最後のタイプの写真を好んでいないだろうか。持参したおカネが足りない場合は別であるし、状況次第で選択に違いが出てくることはあるが、そうでない限り、誰が最初の写真を撮ってもらいたがるだろうか。

だが、バカ正直な王は1つ目のタイプの写真を撮ってもらってから言った。「私は、私自身の写真を撮ってもらうためにここに来たのだ。別の誰かの写真ではない」。

人生のドアにも、同じような看板がいつもぶら下げられてきた。人間をつくる随分前から、神はこの看板をそこにかけてきたのだ。この世の全ての偽善は、自分とは違う何かになりたいという願望から生まれている。本来の自分ではないものになるのに失敗すると、自分とは違う何かに見せようと必死になる。このような行為を偽善と呼ぶのではないか。そして、その試みにさえ失敗すると、その人の心は乱れる。そして、なりたい自分について想像するのは、どんなことでも自由だと思うようになる。だが、偽善だろうが、狂気だろうが、どちらの根本的原因も自分を受け入れることを拒絶することにある。

健全な人の印は、まず自分を受け入れているということである。人は、自分自身の写真を撮ってもらうために生を受けたのだ。自分とは違う誰かの写真を撮ってもらうためではない。他人の枠に自分をはめ込もうとする試みは、どれも病んだ思考のあらわれだ。理想とされているものを刷り込まれてきたことや、他人に従うように吹き込まれてきたことで、人は自分を受け入れなくなっている。そして始まりのときから、既に間違った方向へと旅を進めることになる。

だが、このタイプの文明は、慢性的な病気のように人間を支配してきた。人々はなんと醜く異常な状態に陥ってしまったのか。全くもって健全で自然な状態ではない。なぜか。文化、文明、教育の名のもとに、人の本質が絶えず抹殺されてきたからだ。この陰謀に気づかないでいると、人は根源まで徹底的に破壊されてしまうだろう。

文化は人の本質に反したものではない。人の本質が成長した形だ。人の未来は、外側からの理想で決められるのではなく、生まれ持った本質によって決められる。その結果、自然な形での内なる統制が生まれ、自分自身の顔が開かれ、明らかになり、究極の真実が見出せる。

自分自身を選び、自分自身を受け入れ、自分自身を探求し、発展させろと私が言う理由がここにある。自分自身であること以外に、誰にとっても理想像などない。あり得るはずがない。物まねは自殺行為だ。他人に依存しても神が見つかることは決してないということを覚えておくのだ。（拍手）

阿部　おもしろいね。

今の写真のところに出てきた王様は、自分自身を生きられる唯一の象徴としての王様だった。王様は誰の言うことも聞かなくてもいいし、私でいられるということのたとえとして王様と呼んだのだと思う。

この王様のくだりを聞いて思ったんだけど、本当に自分の顔をただ淡々と生きている者に対して、我々は感動すらする。その一番わかりやすいのは、平成のころの天皇・皇后、今の上皇様たちです。例えば被災地を見回るときとか、普通のたたずまいとか、なんか知らないけど感動する。きっとこの中にもそういう人は多いと思う。何に感動しているかというと、今の天皇もそうだけど、あの人たちは人にどう思われるかというのがない。カメラがここにあろうと、人が大勢いようと、その人たちに対する顔ではない。ただ自然体です。それが伝わるのだと思う。それで感動する。今、王様という形で出てきたけれど、ありのままの自分を撮ってくれという、それ以外ないわけだからね。

奥平　本当にみんながそれぞれの国の王様なんです。

阿部　宇宙の主《あるじ》だから、本当はそうなんです。あなたが気にしている人の目さえも、宇宙の主であるあなたが創作しているものだからね。一から十まで全部自分が創作しているんです。そうやって自分の人生というものをつくっている。

奥平　自分が気にするから、そういう人ができてしまうわけです。

阿部　そう、そのように見えてしまうわけだ。一から十まで全部そうだよね。自分がどういうふうにして自分自身をイメージしているか、あるいは自分がどのようにして社会というものを捉えているか、人というものを捉えているか、あるいはその中でどういう自分としてあろうとしているか、その辺の再吟味というか、再検証はすごく大事だと思う。さっき99%の人がずれているという話があったけれども、ほとんどずれているはずです。

奥平　基本、毎日幸せだなと思ってないということは、ずれているんです。

阿部　きょうはズバリと言うね（笑）。そのとおりです。

だから簡単なんです。これはきのうとか、きょうとか、あしたの話ではない。人生というのは、まさに「今、幸せかどうか」だけなんです。だっていつも「今」しかないから。チェックポイントはすごく簡単です。人は、今、幸せなのか、あるいは言いわけしているのか、どっちかしかないんです。どんなに社会的立場がよくても、どんなにお金持ちだろうと、今ムシャクシャしていたらその人は不幸せです。何もなくても、「ああ、生きているだけで幸せ。「丸儲け」だったら幸せです。だって人生って、今どうなのかしかないものね。

OSHOは、最終的にあらゆる宗教を否定するのですが、唯一、なぜか日本の禅だけは肯定したというか、これしかないと言っているわけです。日本の禅とは何かといったら、本当の自分を生きろということ、そこに尽きるわけです。そして、時間という錯覚の中で生きるのではなくて、要はあしたとかきのうではなくて、まさに今、生きているんだという自覚、これが禅という言葉の意味であって、それを生きる。そういう能力をあなたの中で養っていきなさいということです。

ついでだから、これは宣伝になるけれど、ちょうどきのうから、禅／ZENサンガという集まりの新規募集が始まりました。そのサイトに販売用に撮った動画が張りつけてあって、この1週間だけ、ただで見れます。僕のブログからでも飛べますから見てください。きのうの夜見たら、おもしろくて眠れなくなった。僕は自分の冗談に心から笑える特異体質なんだね（笑）。「おもしろいな、こいつ。そのとおりだよな」なんて、実は感動したんです。この集まりは禅だけを学ぶ会ではなくて、奥平亜美衣さんも講師で入ってくれているし、あと2人の人も禅とは違うスペシャリストたちです。

何を言いたいかというと、皆さん、天河神社は知っていますか。天河神社というのは、言ってみれば福の神で、芸能人が好きで、ＫｉｎＫｉ Ｋｉｄｓとかユーミンとか、そういう人たちが行くというのでちょっと有名になってきた神社です。その神社と僕は縁があって、宮司さんとも家族というか、本当にそういうふうに感じていて、その人がＺＥＮサンガに入ってくれることになりました。だから天河神社とタイアップという言い方は失礼かもしれないけれども、これからそういう会になります。

そういう説明も書いてありますから、よく読んでください。よく読めば読むほど入るしかなくなりますから（笑）。僕は本当にこんなお得な会はないと思っています。しかも今期は入会料が無料で、テキストつきです。まあ、これぐらいにします。

では、いったんここで休憩にします。（拍手）

（休　憩）

質問Ｉ　仕事のことなんですが、今は臨時職員として契約していますが、来年度からはどうなるか、継続できるのかわからなくて不安です。亜美衣さんの言われる「流れに任せる」、阿部さんの言われる「南無の精神で一切合財お任せする」と心に決めていますが、それ

でも心配で心がいっぱいになります。そういうときは、お二人ならどうしますか。

奥平　契約とか、条件とか、いろいろあると思いますが、これは何をしたいのかがないですよね。これをいい機会にして、「私はどんな仕事を本当はしたいんだろう。どんなふうに生きたいんだろう」と考えて……。

質問者　すみません、それは私なんですけど、私としては更新したい。来年度から地方公務員法が変わって、今の臨時職員から、全部会計年度任用職員というのに変わるので、全部選考がし直しなんです。なので、私的には継続でやりたいのですが、そこが誰になるかわからなくて、どうなるか心配で。

奥平　この仕事自体は？

質問者　好きです。

奥平　これをやっていきたいと思っている。

質問者　そうです。

奥平　それは条件じゃなくて？　安泰じゃなくて？

質問者　仕事自体が楽しいというか、私はふるさと納税を担当しているのですが、こんなに全国の人が納税してくれるなんてすごいなと思って……。

奥平　それでワクワクする。

質問者　きょうは何件ぐらい来ているんだろうとか、週末はどのぐらい来ているんだろうとワクワクする。こんなにも全国からいろいろな人が送ってくれるのはすごいなと思って。実際、文書内のかかわりだけど、いろいろな名前の人がいるんだなとか、いろいろと人とのつながりも実感できて結構楽しい。1年ぐらいさせてもらっているので、来年度からもできたらなと思っています。

奥平　やりたいんだったら大丈夫です。それが本当にやりたいのなら、やらせてくれるように動きます。

質問者　阿部さんもよく「南無の精神で一切合財お任せしなさい」とおっしゃるので、そうだよなとは思うのですが、本当に私、来年度からもさせてもらえるのだろうかと心配になる。

阿部　少なくとも僕の言っていることとちょっと違うのは、もしあなたが南無の精神というところで生きていれば、こういう質問は出てこないわけです。南無という情報は得たけども、私は南無にはなれないというのが正直なところでしょう。そういうふうに、人は聞いたことは、自分がそれを生きているみたいな気がしてしまうんだけれども、そこを完全に生きてない。まずそれが1つある。

あと、先のことはわからないよね。でも彼女が言うように、これが本当に好きだ、やりたいということで、ポジティブな気持ちでいれば、それをあなたは引き寄せていくと思う。でも、万一、そうではなくなったときは、もっといいことが起きるんだなと、僕なら感じるね。

奥平　そうなんです。だから結果はどっちでもいいんですよ。どっちに転んでも、いいことしか起こってないから。もちろんこれが楽しいなら大事にしたらいいと思いますが、そこだけにこだわっていると、またちょっと間違える可能性もある。

質問者　どっちに転んでも大丈夫なんだと思っていればいい。

奥平　そうです。

阿部　それが南無なんです。

奥平　もし頭で思っているのと違ったことが起きても、じゃ、ここで楽しめることは何なんだろうとか、ここでの自分の気づきは何なんだろうというふうに考えてみる。

阿部　神様という言葉をあえて使わせてもらえば、神様は、まずえこひいきしていない。全てにとってよかれということを常に常に望んでいる。これはたとえだけど、そういうふうに思っていい。ということは、あなたに起きることは、全部いいことです。

奥平　そうですよ。

阿部　というように見られれば、また違うんだよね。

奥平　抵抗しているのは自分だけ。苦しい人は、自分が抵抗しているだけで、上はみんなに幸せになってほしい。

阿部　こんなアドバイスをしても役に立たないかもしれないけど、こういう発想が生まれるということは、あなた自身を生かしている力を信頼してないんですよ。

質問者　結構スムーズにこの仕事の話も来たんです。私は臨時職員に登録しておいて、違う仕事をしていたんですけど、去年入院して、入院に伴ってその仕事をやめました。そうしたらちょうど1カ月ぐらいしたころに、産休に入る人がいるからよかったらどうですかとタイミングよく来た。いい流れが来たなと思って入って、順調に仕事がいっているので、これは私だけの力でやっているんじゃないんだ、何か見えない力が応援してくれてやっているに違いないなと最近思っていたんですけど。

奥平　もうそのままです。

阿部　それを思ったら、こんなこと聞かないだろう（笑）。

質問者　そうは思うんですけど、でもなんか心配で。

奥平　そこがせめぎ合っている。こういう自分が出てくるときと、こういう自分が出てくるときがあるということですよね。

阿部　優しいね。俺は最近怒りっぽいから（笑）。

本当に気楽にね。きっとそうなると思いますよ。

質問2
自分のやりたいことや欲しいものにはおカネがかかります。そのおカネがないときにはどう考えればいいですか。

奥平 この間、聞いた話で、その人は、読者さんで私は知らない人なんですけど、一眼レフカメラがすごく欲しかった。親戚の子どもが欲しいと言っていて、どうしてもプレゼントしてあげたいと思ったけど、その人もそれを買うだけのおカネがなかったんです。そうしたら、クリスマスパーティーのビンゴで当たったらしいです（笑）。

阿部 これもちょっと無責任な言い方に聞こえるかもしれないけど、あなたは「やりたいことや欲しいもの」と書いたけど、それが本当にやりたくて、本当に欲しければ、やりなさい。必ず流れるから。

僕はこの間、とんでもない買い物をしました。何かは言わない。昔だったら買わなかった。しかも、それを買っても何の役にも立たない。自分のものではなくて、人にプレゼントするために買ったんだから。そうしたら、ものすごく気持ちが楽です。それだけのものがちゃんと入ってくる流れを完全に信頼できている。どういうふうに考えるかということが、本当に現実をつくっているなと、僕は思いました。

奥平 おカネがなくても本当にやりたいこと、本当に欲しいものはできます。

阿部 どうやって？

奥平 さっきみたいにクリスマスプレゼントで当たるとか、どうにかなるんですよ。でも、自分が「おカネがないからできない」と思っていたらできない。「おカネはないけど、どこかから来るかもな」と思っていたら、おカネが来るかもしれないし、そのものが来るかもしれないし、やりたいことが勝手にできるかもしれない。

こういう話も聞きました。その人は豪邸に住みたかった。だけどそんなおカネはない。そうしたら、豪邸の管理人をしませんかという話が来たそうです。本当にそういうことはあるんですよ。

阿部 そうだけど、その人は管理人をやりたかったのではなくて、そこに住みたかったんだろうなと思うけど。

もう一回言います。ちょっと無責任かもしれないけれど、僕自身の最近の感覚で言えば、本当にやりたければ、本当に欲しければ、おカネのことを考えないでやってごらんなさいよ。だって、ないという枠をつくっちゃっているから枠があるわけだから、やってしまえば、そのとき枠はないからね。そこで見えてくるもの、新しい発見、違う考え方が生まれてくる。僕の場合はそうでした。

質問3
自分の本音、内なる声を聞くにはどうしたらいいでしょう。

奥平 嫌いな人の中にヒントがあるとか、さっきいろいろ言いましたけど、まず、自分のことだから自分でわかるんだというのを知ることは大事ですね。

阿部 さっき亜美衣さんがそのヒントを言いました。例えば人を見て、嫌いな人、あるいは批判したくなる人、それは自分が本当はやりたいことをやっている人だと。ということは、そういうところからも自分の本音、内なる声というものを見つけられる。

思考を相手にすると、思考というのは分裂しているから、右、左、真ん中とか、いろいろなことを言うんです。心は割れた鏡みたいなもので、1つにならないから、「どれが私の内なる声かしら？」ということになってしまう。そうではなくて、今みたいな見つけ方が1つある。マイナスから入っていく見つけ方ですね。

それから、僕の場合は、内なる声はポジティブです。完全にポジティブで、「こうなったらどうしよう」がない。「こうならないために、こうしよう」もない。「どっちが得か」もない。

奥平 そう。ただやりたいんですよ。

阿部 そうなの。それがなかなか見つからなければ、さっきみたいなマイナスから見つけ出すというのも1つある。

質問4
自分がどうしたいか。やりたいことをやるには勇気が要るんですよね。今、自分がやりたいと思っていることを、私がやりたいですと伝えるのはわがままではないですよね。

阿部 「わがままではないですよね」と、僕らに確認しているんだね。

奥平 本当にやりたいことをやると言ったら、みんなわかってくれます。そこが調和しないということは、本当にやりたいことではないかもしれない。

阿部 僕はきょう、ちょうどこのことをブログに書いたんです。何を書いたかすぐに全部は思い出せないけれど、答えが書いてあります。要は、自分の本音を生きることは、わがままを生きるのとは違うという話を書きました。自分の本音を生きるには、実は知性と洞察力

が必要です。その知性には慈愛が含まれているから、それはわがままとは違うというような
なことを書いたんだけど。

質問者　はい、私です。

奥平　何をやりたいんですか。

阿部　僕のブログを読んでないということだよ（笑）。

質問者　読んでいるんですけど、声の仕事をしていて、その仕事で今オファーをもらっていて、「やりたいです」とすごく言いたいんですけど……。

奥平　全然いいじゃないですか。やりたいんですよね。

質問者　やりたいです。

奥平　じゃ、やってください。

質問者　なんで「わがままじゃないですよね」と聞いているかというと、今阿部さんがおっしゃられたみたいに、慈愛とか、さっきの写真の話じゃないですけど、人の物まねとか、そういういろんなことを勉強しているけれど、「これは本当に自分のやりたいことなのか」と。

奥平　まだ100パー行けない。

質問者　どうなのかなと思って。

奥平　でも、オファーが来ているんですよね。

質問者　はい。

奥平　じゃ、もうそれで。それがやりたいことの最終地点かはわからないけれど、途中であることは間違いないので。

阿部　僕の直感だけど、あなたがそこを抜けるには、一番簡単な言葉で言えば、もっと自信を持ったらいいの。ズバリ自信がない。自信がないから、ニセモノになってしまうんです。要は、最大公約数で一番受けそうなものを自分がつくっちゃうんです。

質問者　そうかもしれないです。

阿部　あなたみたいな何か表現する仕事では、それは絶対NGです。あなたが誰かをまねたら、そのまねた人には絶対に追いつかない。その人の二流にはなれるけど。あなたはその人の二流になるのではなくて、一流の自分になるんですよ。誰もあなたの物まねはできないから。その自分の個性に自信を持つんです。

奥平　最初は怖いんですよ。

阿部　俺、今泣かしちゃったけど、ごめんね（笑）。

奥平　でも、泣いたということは本当はやりたいんですよ。私も最初に本を出すときは、本当に怖かったです。出ちゃったら、アマゾンとかで何を言われるかわかるわけです。だけど、やるしかないです。

阿部 あなたがそんなことを考えたの？

奥平 もちろんです。今は怖くないけど、最初は怖かったです。

阿部 僕ぐらいに一回批判されたら、全然痛くなくなるよ（笑）。でも、頑張ってね。一流の自分になる。誰もあなたのまねはできないから。

質問5

自分の本音を知ることに、ここ数カ月間向き合ってきました。向き合っているとき、あらゆる思考、考えのザワザワが湧いてくることにも気づきました。もしかしたら、ずっと頭で考えていただけかもしれません。向き合っているふうだっただけ。本音とはどこからあらわれてくるのでしょう。心といっても自我の心もあるでしょう。クリアな本音はどんな感じなのでしょう。逆に、考える必要すらないのでしょうか。

奥平 確かに、考える間もなくやっちゃうみたいなのはあります。

阿部 それが本当にやりたいことだよね。もうやっているものね。

奥平 私も最初にブログをやろうと思ったとき、考えないで次の日にはやっていました。

阿部　躊躇《ちゅうちょ》していたら、自分に言うんだよ。「いつやるの?」と、林先生みたいに（笑）。

奥平　例えば、私は2月にインドに行かないかと誘われたんですが、インドだったら行きたいなみたいなのがちょっとある。多分、ほかの国は、誘われてもウーンとなると思うんです。その差というのは、絶対自分の中でわかると思います。

阿部　なるほど、そういうのはあるね。

　きょう僕らは、特に僕なんか生意気にいろいろなことを言っているけれど、みんながそのような生き方をここから始めていったら、人類の文明というか、文化というか、そういうもの自体が変わっていくよね。

　言いたいこと、わかるかな。みんなで箱に入っている窮屈なものではなくて、もっともっとそれぞれの個性、それこそ1つだけの花がみんな咲いて、すごく豊かな色彩あふれる楽しい世の中になる。

奥平　本当に過渡期ですね。20～30年経ったら、相当違っていると思います。

阿部　しかも、生産力はロボット、考えることもＡＩがやって、より研ぎ澄まされた生産をどんどんやっていってくれるだろうから、人間のやることがなくなる。そうしたら、あとは楽しむしかない。

奥平　楽しむしかないんですよ。本当に楽しめばいいんです。

阿部　そのときは、きっとおカネというものに対する考え方も変わるだろうね。今だって、おカネって何なんだろうかと本当に考えていたら、わけがわからなくなる。何か大きなものに乗せられているだけじゃないかみたいな気がしてくる。

奥平　この間ブログにちょっと書いたんですけど、今よりおカネが手に入るとして、これ以上おカネがあったとしても、今と同じ生活をするとか、ほかに稼げる仕事があっても、今の仕事しかしないというふうになってくるんですよね。そこが目指すところだと思います。それが、本当におカネから解放されている状態。

阿部　ちょっと違うかもしれないけれど、僕は昔、日本中の名だたる温泉旅館の一番最高なところばかり泊まり歩いたら幸せだろうなと思って、それが夢だったことがあったんです。ちょっと小銭が入ってきたから、それをやってみたわけです。そうしたら、4日目ぐらいで辟易《へきえき》する。出てくる料理とか、「またこれかよ」みたいな感じで、もう「お茶漬け食いてえ」（笑）。いろいろな旅に行ける仕事なものだから、行く先、行く先の、一番いいと言われているお店の、一番いいと言われているものを一応食べてみようと思って、それぐらいはできたからやってみた。結局、今、何が外食の中で一番好きかというと、すぐに出てくる。丸亀製麺です（笑）。あれだけはなくなっちゃ困る。銀座の高級寿司なんてどうでもいいの。あんなものなくなってもいい。丸亀製麺だけは、本当に心からやめてほしくない（笑）。

質問6
自分の生年月日、生まれた時間というお話ですが、どの占星術がよいのでしょうか。

奥平　どの占星術というか、生まれた日と時間と場所を入れたら、生まれたときのホロスコープが出てくるサイトがいっぱいあるんです。それは普通に探せます。

阿部　その中には玉石混交……。

奥平　誕生日はみんな決まっているじゃないですか。ホロスコープの図も、みんな決まっているんです。それが出てくるだけです。

阿部　それはどう解説されているの。図だけ見せられてもわからないもの（笑）。

奥平　そういうホームページには、大体、これがここにあったらこういう意味ですみたいことも書いてあります。入門としては、本を買ってみたり、一回誰かに見てもらうのもいいかもしれません。でも、いろいろ読んでいたら、なんとなくわかってくると思います。

阿部　お薦めのサイトとかはないですか。

奥平　どのサイトを見ても同じものが出てきます。解説は違うけれど、ネットで普通に「ホロ

スコープ　無料」とか入れたら出てきます。

質問7
自分が愛されたいという思いがよくわかったきょうこのごろです。引き寄せたのは、私を愛さない人ばかりでした。見捨てられたくなくて、寂しかった気持ちがやっとわかりました。これから自分の人生がどう変化していくのか不安もあります。私は私を捨てて、古い生き方の自分を捨てて、自分の人生を明らかにしようと思います。お二人のこと大好きです。きょうは会えて幸せです。

阿部　愛されたいという思いは、人間を動かしているすごく大きな力ですね。愛されたかったから、愛さない人の中で頑張ったのかな。
でも、これは質問ではないですね。

質問8
27歳の娘に毒親だと言われて、娘が病んでいます。就職も同棲もしていますが、「お母さんたちのせいで何も楽しくない。生きづらい」と言います。どう接したらいいですか。

奥平　もう27歳だから、自分で楽しめよという感じですよね。これが15歳とかだったら、お母さん、ちょっとどうにかしたらと思うけど、もうお母さんのせいだと言っている年齢ではない。お母さんとしては、好きにすればと手放すしかないです。

阿部　そう、お母さんのほうがね。これはお母さんからの質問だから、お母さんへのアドバイスとしては、あんたが娘をとっとと捨てなさいという話だね。

奥平　経済も、住むところも、全部自由にさせる。今、多分させてないんでしょうね。わからないですけど。

阿部　僕もいろいろな人と会って思うんだけど、母と娘の関係は、僕は男だからちょっとわかりづらかったんだけど、結構複雑なものがあるね。そこに人格の境界線がない場合もある。

奥平　自分のものだと思ってしまうんでしょうね。

質問9
お二人のおっしゃるとおり、私はこれがしたい、これは違うということが、今まで以上に見えてくるようになっています。ピンとくることもやりたい。これだと思うことも多いのですが、多過ぎて全部できていません。そして逆に、まだやれてない、できてないと思っています。どうしたらいいですか。

奥平　できることから1個ずつやるしかないです。私も会社員のころは、今ほど全部できていたわけではなかったです。今は時間もおカネも制約がないからやるんですけど、やっぱり1個ずつやっていきました。

阿部　本当だよね。人間はどんな偉い人でも、偉くない人でも、今、目の前のこと1個しかできないんだから。

奥平　でも、やりたいことがいっぱいあるなんていいじゃないですか。私は結構やり尽くして、最近、ちょっと停滞ぎみです。次は何をしようかみたいに。

阿部　これから坂を転げ落ちるように落ちていきますから（笑）。

奥平　いや、ことしは山羊座の年なんです。ことし、山羊座はヤバいですよ。

阿部　奥平亜美衣のすごいところは、僕がこうやって落としても、すぐにはい上がる。全然めげないところがこの人のすごいところだね。

質問10
質問ではないですが、阿部さんと亜美衣さんのコンビ大好きです。お話を聞いた後、どうだということもないんですが（笑）、お話を聞いているとき、とにかく自分が喜んでいます。きょうもお話を聞いていて、お二人に感謝の気持ちが湧いてきて、涙が出そうになりました。と同時に、ここに自分を来させてあげた自分、連れてきてあげている自分にとてつもない感謝が湧き起こり、とてつもない幸福感で今いっぱいです。だから何だというわけではないですが（笑）、全てのことがありがたいしかないんだと実感しています。

奥平　いいじゃないですか。その感覚ですよ。魂が喜んでいる感覚。すばらしい。（拍手）

阿部　その感覚を生きればいいんだ。いつも今。

奥平　そうです。どうってことはなくてもいいんですよ（笑）。それで楽しければいい。

質問11

全ての事象はおのれが原因とか、一見不幸に見えることも、その人のためであったり、成長につながる一連の1つであるという考え方がありますが、本当にその方に原因がない不幸、例えば子どもが死んだ、身内が事故で死んだ等々も、そのように考えるべきでしょうか。それは何のために起こったのでしょう。ただ起きただけでしょうか。

奥平　全部自分が原因ではありますけど、誰かが死んだから悪いとかではないです。

阿部　僕がいつも答えるのは、そのときのあなたが何を感じるかが全てで、あの人はこういうことがあったからこうなんじゃないかとか、そんなものは全部頭がつくっていることで、あなたがそうなったときに言えばいいんです。どうなのか報告してください。

奥平　でも、多分あったんじゃないですか。ご自分に起きたことだと思います。

阿部　どうでしょうかね。僕はそんなふうに思わない。

奥平　ただ、人間世界では、誰かが亡くなるということは、基本的には悲しいことだけれども、魂の合意がないのに死ぬ人は本当にいないんです。

阿部　僕もそうだとわかる。ただ、これはいろいろな理解の水準みたいなのがあって、この言葉を聞く耳を持たない人に言ったときには、すごく乱暴な言葉になってしまうわけです。だって、本当に子どもを亡くして嘆き悲しんでいる人には言わないよね。そういうことなんです。だから、当事者になったときのことであって、そういう場合はどうしたらいいのかというのは、思考がつくり出している仮の問題だから、僕なんかは「そういうことには答えようがありません」としか言えないわけです。

質問12
亜美衣さんのおっしゃることは、いつもブレず、わかりやすくてありがたいです。最近、星読みのおっしゃる内容、星で決まっているみたいなことが多くて、そのとおりということになると、人生は自分の思いどおりとずれていませんか。

奥平　結局、魂が望んでいることが星で決まっていることであり、本当の自分が望んでいることなんです。

阿部　そこをもうちょっと詳しくお願いします。

奥平　ただ、そこからずれた思考を持つことが、なぜか人間にはできてしまうんです。本当の思いどおりというのは、魂の思いどおりで、そこに戻るだけなんですね。

阿部　あなたの中の本当の声というのは、あなたが考えているわけではないからね。実はあらゆる思考はそうで、湧いてきているわけです。全てが決まっているというのは、自分の思いどおりというのとずれていませんかと言うけれど、その思いも実は決まっているという見方もできるんです。どのタイミングでどのように思うのか、どのタイミングで何を選ぶのか、それさえも決まっている。したがって占星術の言っていることは、全部当たるということになるのだと思う。よく人は、「どこまでが運命で、どこからが自分の自由意志なのか」と言うけれど、今の僕の論調から言えば、自由意志なんか実はないんですよ。それさえも全部起きていることなんです。

我々は自分がいるということをかたくなに信じているから、私が選んでいる、私がこうした、私が行動した結果、失敗した、成功したと、私、私、私と、何でも自分のことにする。でもその私自体が、思考がつくり出した仮の、あるいはニセの、幻想の産物ですよということが、実は仏教が伝えたい唯一のことであり、真実の唯一のことです。これはノンデュアリティとか非二元という言い方をしますが、そこが本来の真理なんです。

したがって、きょうは「存在の真理と引き寄せの法則」というタイトルだけど、行き着くところは、乱暴な言い方をすれば「私なんかいない」という感覚をどうあなたが捉えるか。それが絶対他力だし、100%生かされているというところをどこまで思うかです。

奥平 このOSHOの本の15話に「私は偽り」というところがあります。この話が何を言っているかというと、とにかく本当の自分、つまり魂の自分を追求していけば、自分は消えるということです。魂の自分の思いをちゃんと受け取って、そのとおりに生きていると、全体の中の1つの役割を生きているんだということがわかってくる。結局、自分の思いをそこに合わせると、自分なんだけど、自分が消えるわけです。

阿部 道元の言葉で言うと、仏道とは、自己を習うこと、自分というものを知ることです。そして、自分を習う、自分を知るというのは、自分がいなかった、自分というものを忘れることだという言い方をしています。したがって、仏教は「無我にて候《そうろう》」という言い方をします。それ以上の真実も、それ以下もない。

ところが我々は、「私が」というその私を、本当に心の底から信じているから、これがなかなかしぶとい。その「私」がいろいろな邪魔をしているわけです。あっさりそれを手放して、全体だというところに委ねなさいということしか、結局のところ言ってない。「下流に向かって泳ぐ必要もない」と言っているわけでしょう。

奥平 そうです。流されればいい。

阿部 流されて生きるんだからね。

奥平 ただ、自分を知れば知るほど、本当の望みとか、何がこれから起こってくるかがわかってくるから、「アッ、引き寄せた」みたいな感覚には確かになります。

阿部 ということは、あなたの本当の気持ち、本当にやりたいことというのは、あなたという個人の欲求ではないということだよね。全体の欲求なわけです。

奥平 思わされているだけです。自分だけど、全体の一部なんです。

阿部 僕は「そのもの」という言い方のほうが好きだけど、「そのもの」と言うと、またわからなくなるね。私の年代だったら、「隣りの人は誰?」みたいな（笑）。だからこの説明は、なかなか一筋縄でいかない。

質問13
彼とけんかばっかりです。合わないあらわれということでしょうか。

奥平 なんでけんかするか。彼がムカつくことをするからけんかになるわけですよね。なんでこの人をこうさせているのか、私の中に何があるのだろうと、そこの追求をしていけば、別れるかもしれないし、うまくいくかもしれない。

阿部 けんかばかりしていたら、彼だってかわいそうだからね。

奥平 なんで私はそこに反応してしまうんだろうという、それですよね。

阿部 ただ、人間は二元の世界を生きているから、全部比較だから、愛すれば愛するほど、憎しみもたまっていく。我々はこの世界で、愛憎という1個のものを生きているわけだから、大事な人であればあるほど、その人のことを憎む可能性も大きいわけです。どうでもいい人のことなんか、本気で憎めないでしょう。両方セットだから、行ったり来たりしているという言い方もできる。今はそういう時期だと。

恋人というのは、大体最初はラブラブで始まるわけです。最初からけんかで始まった恋人なんてあまり知らない（笑）。最初はラブラブ、それが途中からだんだん主導権争いみたいなのが始まるわけです。どっちのほうが正しいとか、どっちのほうが我慢しているかとか、そうなってくる。お互いに点数表を持って、「アッ、こんなところがある。マイナス30」とか（笑）。そういう時期が来るんですよ。

奥平　とにかく何が起こっても、自分を知るための材料にしてしまえばいいわけです。

質問14
重大な決断をしなければならない。考えがまとまらず、瞑想してフッと湧いた考えを行おうとするが、少し時間を置くとまた真逆の考えが湧いてきて、何が正しいのかわからなくなります。どちらに転んでも、なるようにしかならないと考えたほうがいいのでしょうか。自分が決めたことではないと思ったほうがいいのでしょうか。

阿部　これは僕なりには簡単だ。人はそれぞれに違ういろいろな意見を言って、それは全部正解だし、どのタイミングであるかによって僕も言うことが変わるかもしれないが、今、これを読んで直感で言うと、どっちでもいいと思います。迷っているということは、どっちにもプラスがあるし、どっちにもマイナスがあるのだから、どっちでもいい。

大事なのは、どっちを選ぶかではなくて、どちらかを選んだ後に、もう片方を完全に断ち切って、選んだほうに心を込めることなんだと思う。

奥平　どっちかが正しいと思うからこうなってしまうんです。でも、どっちも正しいんです。

阿部　人間は、いつも正解を求めるし、正解を選ぼうとする。そんなのわからないよ。正解だと思ったほうも、いってみれば、あなたの態度次第でどうなるかわからないわけです。だから、あなたが心地いいほう、やりたいほうにする。僕ならそういう選び方をするかな。

奥平　どうしてもわからなかったら、とりあえず待っていたら、どっちかがダメになるとかになります。一方にしか行けないのだったら。

質問15
やりたいと思って始めた仕事ですが、上司からの横やりが激しく、めげています。これは本当の望みはスムーズに事が運ぶというきょうのお話からすると、本当の望みではないということでしょうか。ちなみに、上司に本音を伝えることを始めたところ、ゆっくりではありますが進み始めたような、そうでもないような。とても不安です。

奥平　私は今の仕事をやり始めて、人間関係の嫌なことがないから、こうなってくると、ちょっと違う可能性もあると思います。

阿部　この人がやりたいと思っているこの仕事以上のものが待っているのではないかということ

とですか。

奥平　やりたいと思っていたけど、なんかキラキラしている感じだからやりたいと思っていただけとか。ちゃんと話してみないと断定はできないですけど。

阿部　これは文章だけだから想像するしかないけども、「やりたいと思って」という「やりたい」が、どこから出てきたやりたいことかということも大きい。

質問者　これでいこうと思うと、「ちょっと待って。そうじゃなくて、こういうのはどう?」とか。

奥平　その「こういうのはどう?」が、全然自分とは違う。

質問者　全然よくない。

奥平　そこはまず、「よくない」と言う練習をする。「私はこう思う」みたいに、本音を出していく段階なのかもしれないですね。それを続けていった後、どうなるかを見ていって、そこでまた考えたらいいかもしれないです。

質問16
文句ばっかり言っていても変わらないとか、周りの目を気にして本当の自分を生きていないとか、そのとおりと思いますが、片や、全ては自分がやっているのではなく、思わされている、見せられている、聞かされている、ということを頭で考えると、どこからが本当の自分を生きることになるのでしょうか。また、そもそも自分というのはいないということの関連でもご説明をお願いします。

奥平　難しく考え過ぎです。なんかこれいいな、これやりたいなというのをやればいいだけです。それが自分がやりたいことでもあるし、思わされていることでもあるし、それを追求していくと、自分というのではないんだということがなんとなくわかってくる。

阿部　さっきも言ったけれど、僕らが到達しているいろいろな理解の水準みたいなのがあって、どこの理解の水準で世の中を見て、僕なんかの言葉を聞いているか。我々が言いたいことがそのまま伝わってないことがあるんだと思う。

だって、普通に聞いたら、僕らが言っていることは完全に矛盾《むじゅん》しているもの。例えば、あなたが「自分の好きに生きればいいのよ」と言っておいて、「全部は決まっているんだ」とか（笑）。

奥平　好きに生きたら、決まっているように生きられるんですよ。

阿部　言葉で言うとそういうことになってくるけれど、その辺の表面的な矛盾がやっぱりいっぱいあるから、こういう質問が出てくる。

奥平　でも、この質問から感じるのは、頭を働かせ過ぎ。それで心の声が聞けなくなりがちなんだと思います。

阿部　人間は不安だから考えてしまうんだけど、その考えがよけいに物事を見えなくさせている。そういうことはあります。

奥平　でも、考えるほうがいいというのが社会的にはある。

阿部　そういう意味では、バカになるということは大事だよね。

奥平　そうですね。もうそのまま。

阿部　そのままでいけばいいんだから、自分がバカだということに気がつくというのは、偉大な気づきだと思う。僕はこれですごく楽になったところがあるんです。

昔だけど、「俺、何だってあんなバカなことをやっちゃったんだろう」と、すごく自分を責めたの。そうしたら、フッと神の声がした。「おまえがバカなことをやったのは、おまえがバカだからだよ」（笑）。「ああ、そうだった！」と思って、すごく楽になった。「そうだ、バカだから、バカなことをやって当たり前じゃないか」。あのときなんか抜け落ちたね（笑）。

奥平　私もずっと賢くいなきゃいけないみたいなのがすごくあったから、抜けるのは結構大変なのはわかります。バカにされたくないみたいなのがあるんです。

阿部　バカにされたくないから、どこかで「自分はバカじゃない」と思いたい。そういうのがある。バカでいいのに。

奥平　バカでもなんでも、みんなそれぞれ中に輝くものをちゃんと持っているんです。

阿部　バカのほうが出てくるんじゃない？

奥平　それが出てきます（笑）。賢くあらねばというのは、それが鎧《よろい》になってしまうから。

阿部　もしかしたら、本当は俺たちみんなバカなんだと思うんですよ。バカだから考えている し、バカだから迷っている。バカなんだということを認めたら楽です。今、隣りの人の顔を見てごらん。そして言ってあげなよ「バカ」って（笑）。みんなで「バカ」と言ったら、なんか爽やかじゃない？（笑）

奥平　それでムカッときたのであれば、自分の中に賢くなきゃいけないみたいなのがあるということです。

阿部　今、ワハハと笑った貴方なんか、もうそろそろ後期高齢者だから、あとは死ぬのを待つしかない（笑）。もう死ぬ時間が見えてくると、バカでもなんでもいいという開き直りの達観した境地になれると思う。やっぱり若いころは、なかなかなれないものです。バカではいけないと思うからね。

質問17
家族に認知症の人がいます。どのように接したらいいですか。

奥平　好きにさせる。難しいとは思うんですけど。

私はそういう経験がないから、いいことは言えないかもしれないけれども、認知症というのは、死に至る手前にワンクッション入れている、死にスムーズに至るための状態だとエイブラハムは言っています。私もそうではないかと思うんです。そういう目で見てあげるだけで違ってくる。認知症になったら、それが悪いことで治さなきゃいけない、治さなきゃいけないと、その状況を受け入れられないから苦しいんです。そうではなくて、死に至るために、スムーズに移行しているんだと思えば大分違ってくると思います。

質問18
2020年の冬にゲートが閉まるから、それまでにアセンションしましょうと言います。我々はどのように臨めばいいですか。

阿部　「どのように臨めばいいですか」ですって（笑）。

奥平　私は、この考えは嫌いです。

阿部　これはもしかしたら叱咤激励《しったげきれい》で、そんなにいつまでも時間があるわけじゃないんだから、もうあと1年だぞと。そういうことを言いたいのかもしれない。

奥平　そういう意味ではいいと思いますが、それを言って焦らせるというか、恐れさせるのであれば、ちょっとどうなのと思う。

阿部　言い方をもっと工夫したらいいかもしれない。

質問19
昨年、18年間勤めた会社を退職しました。何かをやりたい気はしていましたが、1年間ゆっくり過ごすだけになってしまい、ことし再就職しましたが、社風や人間関係にとても苦しんでいます。縛りつけられているような感じがします。やめるにもやめられない状況です。どうしたら意識を変えられますか。やりたいこともわかりません。

奥平　やめるにもやめられないというのは、おカネですかね。恐らくそうですよね。でも、1年間ゆっくり過ごせてよかったじゃないですか。うらやましい。私も昔そうだったけれども、多分、就職しなければ生きていけないというのがあると思うんです。

もちろん組織の中で自分を発揮する人もいます。でも、そうではないタイプの人が圧倒的に多いはずです。そうではないタイプの人が、就職するしかおカネを得る方法がないと思っていて、やめたら次、やめたら次と繰り返しても、いいところには当たらないです。そっちじゃないのだから。

阿部 この文脈からいくと、この人は自由に自分のやりたいことをやりたいと思って会社をやめたんだと思う。ところが1年間過ごしてみたけど、ただ過ごしただけになってしまったというところで、焦って就職したわけだ。

奥平 恐れから就職したからダメですよね。でも、本当にやりたいことがないのかな。それをやっても仕事にならないと思っているだけかもしれない。今、会社員だから、とりあえず収入はあるわけです。その状態で、できる範囲で、おカネになろうがなるまいが、やりたいことをやるしかないです。

阿部 やりたくなくて苦しんでいる仕事も、1つの手段として完全に割り切ったら、またちょっと変わるかもしれないね。

質問20
ほぼ幸せに暮らしているのですが、月末に請求書が来るとブルーになります。楽しくお

奥平 でも、その請求書のおカネで得たものが絶対にありますよね。

阿部 僕なんか、そんなに大金持ちではないけれど、そこそこある。そうすると、税金がすごいんです。もうドワッと来て、エーッとなって、そのとき完全にブルーになります。「払いたくねえ！」みたいになる。そのときは考え方を変えなければしようがない。だって払うものは払わなければいけないんだから。

奥平 それだったら、「アッ、これだけ僕は稼いだんだ」と。

阿部 そういうふうに変えて、これを払って国にちゃんとお返しすると、この10倍また返してくれるなと。そういうふうな感じで、ゼロをもう1個多くしたおカネが入るというイメージに変えています。

奥平 払うものは払うしかないから、どう意識を変えるかです。

阿部 それで世の中に貢献しているのだから、「おお、いいな。僕のこのおカネで、きっと政治家が無駄遣いしてくれるんだろうな、うれしいな」みたいな、そういう思いでね（笑）。

質問21
前向きな質問です。人生を楽しく豊かに日々感謝して生きる意味もわかりました。引き寄せの法則も実践しつつ生きている中で、死にたいときは、思ったとおりに、死にたいタイミング、死にたい場所、自分で決めた日時に命は終わるでしょうか。

阿部　なんだかよくわからないな。死ぬときも自分で引き寄せられますか、みたいな話なのかな。

奥平　基本、死も自分で引き寄せています。ただ、タイミングとかは魂が決めているんですよ。そこが読み取れれば、なんとなくわかるかもしれない。なんで死ぬタイミングを決めたいのかがよくわからないけど。

阿部　うちの親父は、大正時代の生まれだから、戦争にもとられているんです。こういう精神的な話とか、スピリチュアルな話とか、全く関係ない。宗教も嫌い。そういう人が、なぜか確信を持って「人は死ぬときが決まっているんだよ」と僕に言ったことがあるんです。なんでと聞いたら、戦争にとられてシベリアに抑留をされたのですが、そこでバタバタと人が死んでいくわけです。うちの父はそろばんや経理ができたから、そういう楽な仕事を与えられたけど、重労働の人たちはどんどん死んでいった。同じ部隊には大体故郷が同じ人が多かったりして、自分の故郷の人たちがどんどん死んでいった。死ぬときは、ベッドから白い糸が垂れてくるそうです。それはシラミで、死ぬ前にツツツーッと逃げ出す。そこから大体1日か2日で死ぬらしいです。ツツツーッと降りているからこの人死ぬなということではなくて、それを見た瞬間に、「ああ、人は死ぬときが決まっている」ということを直感したんだと言うんです。それは僕にはわからない。でも、そういうことを言わない人がそう言った。今でもそれはよく覚えています。

今の僕は、そうだろうなとそのことがわかる。全て決まっているという言い方もできるからね。もしかしたら魂もそれを知っているかもしれない。

でも、死ぬときは死ぬし、僕らにとっての救いは、今まで死ぬのに失敗した人はいないんです。死ぬときは死ねるから、安心してそれまで生きたらいいんです。

奥平 あと、どんなに自殺しようと思っても死ねなかった人の話を聞いたことがあります。魂がまだだと思っていたら、自殺しようと思ってもできないわけです。

阿部 もし、自分の死ぬときがわかるのだったら、わかりたい?

奥平 あまり考えたことないです。

阿部 今ふと思ったので、みんなに問いかけたんだけど、もし、例えば2030年まで生きるということがわかったら、どんな冒険でもするよね。だってそれまで死なないんだから。

車の前にバッと飛び出すこともする（笑）。だって死なないんだから。

奥平　例えばあと5年だとして、5年分以上のおカネがあるとすると、みんな使いますよね。そういうふうに生きればいいんです。

阿部　そこは刷り込まれた恐れだと思う。例えば年金のこともあったじゃない。2000万なければうまくいきませんよとか、老後の蓄えとかいうけれど、老後というこのイメージに僕らはどれだけ洗脳されたか。老後なんか本当はないんです。寝たきりになっても、そのときに知恵があれば、それでなんとか生きていける。僕は自信がある。ベッドの中で寝たきりになっても、「今を生きる」とか言って、有料のサイトかなんかをやって絶対生きていける（笑）。それは老後じゃない。

奥平　阿部さんは、やってあげたい系の女性を引き寄せるのは無理ですね（笑）。自分がやりたいから。

阿部　そうなんだ、そういうタイプか。

奥平　はい、諦めてください。

阿部　老後はないんだということでよく話す話なんだけど、僕はこれを双子のきんさん・ぎんさんに教えられたんです。あの2人がそろって100歳になったときに、名古屋市が100万円ずつプレゼントした。NHKが取材に来て、きんさんにインタビューしたんです。

「きんさん、この100万円、どう使うの?」。そうしたらきんさんが言いました。「老後の蓄え」(笑)。きんさん、今を老後だと思ってないんだ。もしかしたら、老後なんかないのかもしれないと、そのとき僕は目が覚めたんです。

質問22
今の人生で、パートナーや結婚の縁が全くありません。引き寄せていないのかもしれませんが、強く願っていないから? それともこの人生で必要のないことだから?

奥平 まず、縁がないという人はいません。家族がいない人はいないじゃないですか。亡くなっている場合はあるかもしれないけれど。それと同じで、魂の縁がない人もいません。結婚したいのにできないというのには何パターンかあって、この人がどれに当てはまるかはわからないけれども、私が思うに、本当は結婚よりやりたいことがあるんです。魂はそっちをやってから結婚しようと決めているのに、そこにちゃんと向き合わずに、適齢期とかに惑わされて、結婚しなきゃいけない、結婚しなきゃいけないみたいな方向に行っていて、なかなか引き寄せられない人が結構多いなと最近思います。

魂の時点で、恋愛や結婚に魂の目的みたいなのがある人もいるけれど、ない人のほうが圧倒的に多いんです。結婚はほぼオプションで、してもしなくてもいいみたいな人のほうが多い。結婚を絶対しなきゃいけないと決めてきている人もいますけど、1割以下です。

阿部　僕もそんな気がする。

奥平　それ以外の人は、してもしなくても別によくて、その人たちが結婚したければ、もともと持っている自分の目的を果たさないと、それに結婚が邪魔になるなら、自分の魂が邪魔します。

結婚したいからこういうご質問が来ていると思いますけど、結婚をしたいなというのは置いておいて、自分の人生でしたいことは何だろうというふうにいったほうが、そこで縁があったりする。縁がないというのは、自分の道を歩いてないんです。自分の道をちゃんと歩いていたら、必ずどこかで出会うようになっているのに、自分が違う道を歩いていたら、ほとんど出会えないです。

阿部　亜美衣さんは、こういう男女のこととか、恋愛とか、そういうことにもすごく一生懸命お答えするし、説得力があるよね。経験が豊かなのか知らないけども。

奥平　自分が悩んだので。

阿部　だから女性のファンというか、そういう人たちが多い。やっぱり女性にとって、パートナーとか結婚というのは、人生の目的としてとか、喜びとしてのちょっと違った意味があるのかな。

奥平 結婚を望むのは、圧倒的に女性のほうが多いけど、本当に望んでいるのか。だって、結婚している人のほぼ98%が悩んでいるわけじゃないですか。それなのに、みんな結婚したがるでしょう。それは世の中、結婚がいいことという刷り込みがすごいからです。

阿部 さっきあなたが読んだOSHOの中に、「自分ではないものになることほど愚かしいことはない」とありました。絶対勝ち目はないし、なれるわけないのだから。それと同じように、結婚を望むというのは、今の生活があまり楽しくなくて、結婚すれば、また違った私がいて、幸せになれるのではないかというところからの望みであって、問題は今、幸せではないというところにあるのではないのかなという気もします。

奥平 今自分を生きていたら、必要な縁も勝手に来るんです。

阿部 自分を生き出すと、僕はモテるような気がするんだけど。

奥平 間違いないです。

阿部 これは僕ら全員に言えるよね。

奥平 自分を生きている人は生き生きしていて、魅力的だからモテます。

阿部 人は確かなものが自分にないから、自分を生きている人は確かなものに見えるから、引き寄せられる。

奥平　間違いないです。

質問23
友人と会ったり、会社の飲み会などに行くと、「その人用の自分」で接してしまう。そして疲れる。ほとんど人と会うことがなくなりました。一方でとても寂しい気もあります。どのように対処していけばいいですか。

奥平　いる場所を間違えているんです。こっちにいたらいっぱい自分に合った楽しい人がいるのに、必死で違うほうに行っているからつらい。

阿部　その人用の自分になっちゃうという気持ちは、僕はわかる。あの人用の自分、この人用の自分とあって、瞬時につけかえているから、本当の自分がわからなくなってしまう。それはわからないでもないです。ただ、その人用の自分で、自分がサービスしているつもりでいるけれども、思ったほどサービスになってないからね。

奥平　でも、その人用の自分になっているのに気づいているだけ、まだ進んでいると思います。

阿部　でもこの人は、それに疲れて人と会うのが嫌になってしまった。

奥平　とりあえず、そういう人たちには会わなくてもいいんじゃないですか。そして、本当の自分の居場所はどこだろうと考え始めて、そっちにシフトしたほうがいいと思います。

阿部 人に好かれようとしているときは、そのことで人が自分を好きになってくれることはあまりない。その人用の自分をつくってしまうというのは、その人に嫌われたくない気持ちとか、その人に嫌な気持ちになってほしくない気持ちの1つのあらわれなんだと思うけど、それを自分がやったことが、実は相手にも自分にも何の役にも立ってない。何も与えてないし、自分も何も得てない。だからこういう人は、きょうの話に戻れば、本当の自分の言葉を言ってみるとかね。

奥平 でも、人と会うことがなくなったのは、本当の自分への第一歩を踏み出したんですよ。

阿部 そういう言い方もできるね。

奥平 無理に会うよりはいい。

阿部 たくさんの人が周りにいなければ、自分は人格者として失格だみたいな価値観を持っている人もいるものね。

質問24

お二人に質問です。今住んでいるところから引っ越しをしたいと思います。ピンとくる場所が見つかっても、田舎は不便で人間関係も面倒だと思うと、なかなか一歩前に踏み

出せません。今の家や仕事を変えたいとき、どう決断しますか。

奥平 これも本当に行きたかったら行くと思います。私も日本国内外問わず、行こうと思ったら行っちゃいましたから。

私は兵庫県姫路市で生まれて、大学に入るときに初めて東京に行って、その後海外に行って、一回実家に戻って、また東京に行ったんですけど、私が東京に出ようとするときは、必ず後押しが働くんです。大学もスムーズに行ったし、一回海外に行って戻ったとき、おカネがなかったからとりあえず実家に住んでいたんですけど、東京に行こうと思ったら、親がおカネをくれたりとか、東京に行こうとするときはスムーズでした。

一回イギリスに住んだときは、何もかもうまくいかなかった。まず住むところを探すのが大変だし、とにかく物価が高いから生活しづらい。住むところが決まって2カ月経ったら、オーナーから売りたいので出ていってくれと言われ、次に見つかったところは黒人女性が大家さんだったんですけど、文化が違い過ぎてうまくいかなかった。英語の学校に行っていたけれど、それ以外に学びたいことがあったのに、その学校に提出した書類が何回も不備だと返ってきて、結局入れなかったんです。天気も悪いし、私は基本寒いところはダメだから、ここはなんか違うなと思い始めた。

行きたくて行ったし、ずっと住もうと思っていたんですが、初めて海外に行くのに、英語圏以外はなかなか考えづらい。そういう理由でイギリスを選んでいたから、今考えれば、「そこじゃないよ。そこじゃないよ」みたいな感じだったんだと思います。そのときはスピリチュアルとかは全然わからなかったけれども、本当にうまくいかなくて、直感で「アジアだよ。アジアだよ」と来て、それでバリ島に行ったんです。

阿部 本当に行きたいところとか、あなたが魂の道と言うのは、スムーズなんでしょう?

奥平 スムーズにいくし、違ったところに行くとサインが出る。動きたいけど動かないのは、動きたくないんじゃないですかね。

阿部 無責任だけど、こういういろいろな人たちの質問を見ると、もっとシンプルにやりたいことをやって、やりたくなければやらなければいいじゃないと思う。こういう人の話を聞くと、正しさであるとか、いろいろな違う価値観があって、そこにがんじがらめになっているから、本当の自分の思いみたいなのが見つからなくなってきているのかなという気がする。

やっぱりきょうの話のテーマである、本当の自分の声を聞いて、本当の自分の声を発して、本当の自分を生きるという、そのことをいつから始めるのかということに尽きるのかな。だって2020年になったら、アセンションの扉が閉まっちゃうんだから、急がないと。

奥平　私はゲートが閉まるという言い方は好きじゃないけれど、でも、自分を生きたほうが楽だし、楽しい。だから乗ったほうがいいのは間違いないです。

阿部　今までだって大した人生じゃなかったでしょう（笑）？　これからもダメ元でいいじゃない。僕は自分で本当にそう思う。

阿部　きょうもあっという間の3時間。よくお話しさせてもらいましたが、わずかでも、何か1つでも、皆さんの中にヒントがあったらうれしいです。もし1つもなければ、本当にすみませんでした（笑）。

奥平亜美衣さん、ありがとう。（拍手）

そして何より来てくれたあなた、ここに運んでくれたあなたの流れにもありがとうございました。（拍手）

（了）

あとがき

奥平亜美衣

ここまで、お読みくださりありがとうございました。

この本は、阿部敏郎さんとの1年以上前の講演をまとめたものですが、今読んでも新鮮で、興味深く読んでいただけたのではないかと思います。

それはやはり、ここに書いてあることが、新しくも古くもない、永遠の真理であるからでしょう。


自分とはどういう存在なのか?

自分はどうして生まれてきたのか?

何のために生きているのか?

この世界の仕組みはどうなっているのか?

この本を読んでくださっている方のなかで、このような問いに興味を抱かない人はいないかと思いますが、どうしてそのようなことに興味を持つかというと、やはり、永遠であるあなたという存在の学びの積み重ねが、このような真理を求めるところまで高まってきているからです。

そして、いまここで、

「自分がすべてだった」

「自分が創造していないものなどなかった」


というただひとつの真理にたどり着こうとしているのです。

この本には、その答えに近づくことのできること、そのヒントがたくさん詰まっています。

そして、究極の答えは読んでくださったあなた自身がたどり着くものです。


私自身も、そのような疑問は小さな頃からありました。

そして最近になり、ずいぶんその探究も進んできて、自分自身の経験の積み重ねにより、わかってしまったという体感や、腑に落ちることも多くなってきました。

そして腑に落ちるにつれ、「引き寄せの法則」として私の伝えてきたこととも融合するようになり、ますますこの世界の仕組み、現実創造の仕組みがわかってきたのです。

まえがきで阿部さんが書いてくださった通り、「引き寄せの法則」というものはブームになったが故に、いろいろな解釈が生み出されました。

その人がそう信じていればその通りになりますので、どれが正しい、どれが間違っているということではないものの、それは真理ではなく個人の解釈でしかないというようなものも、私もたくさん見てきました。

しかし、そのように混乱を極めた「引き寄せの法則」も、本書により、世界はただただ自分の反映である、なぜなら、自分がすべてだからという、「創造の法則」として昇華できたのではないかと思います。

この本が読んでくださった皆さまのお役に立ちましたら幸いです。

２０２１年４月

奥平亜美衣　Amy Okudaira

1977年兵庫県生まれ。お茶の水女子大学卒。

幼少の頃より、自分の考えていることと現実には関係があると感じていたが、2012年に『サラとソロモン』『引き寄せの法則―エイブラハムとの対話』との出会いにより、自分と世界との関係を思い出す。

2014年より作家。引き寄せの法則に関する著書多数。累計部数85万部。

2019年初の小説および翻訳本上梓。

2020年4月コロナ騒動で自宅に引きこもっている間に、宇宙すべてが自分なのだ、という目覚めがあり、無であり無限である「わたし」を思い出す。

公式ブログ　https://lineblog.me/amyokudaira/

阿部敏郎　Toshiro Abe

禅サンガ主宰、講演家
TV番組の総合司会、深夜放送のパーソナリティなどで活躍していたある日、非二元の世界に触れ、その翌月に芸能界を引退。

吉野の天河神社に奉公した後、禅僧と共に「禅サンガ」をはじめる。

現在はオンラインで「禅サンガ」を展開し、1300人の会員にレクチャーを提供する。

ブログ「かんながら」は1億アクセスを突破。

公式ブログ　https://abetoshiro.ti-da.net/
瞑想ブログ　https://imacoco.ti-da.net/

すべてを内包する禅宇宙へ

創造の法則

既に願いが叶っている「魂の設計図」を生きる方法

第一刷　2021年4月30日

著者　奥平亜美衣
阿部敏郎

発行人　石井健資
発行所　株式会社ヒカルランド
〒162-0821 東京都新宿区津久戸町3-11 TH1ビル6F
電話 03-6265-0852　ファックス 03-6265-0853
http://www.hikaruland.co.jp　info@hikaruland.co.jp
振替 00180-8-496587

本文・カバー・製本　中央精版印刷株式会社
DTP　株式会社キャップス
編集担当　溝口立太

ISBN978-4-86471-487-7

ヒカルランド　好評既刊！

地上の星☆ヒカルランド　銀河より届く愛と叡智の宅配便

自然治癒力と直観力の目覚め
発酵生活で新しい私に生まれ変わる
著者：栗生隆子
序文：奥平亜美衣
四六ソフト　本体 1,750円+税

魂ふるわせる超簡単・美味しい発酵料理レシピ付き。奥平亜美衣さん推薦！　病院で治らなかった難病も家庭で完治できた！　いつだって無理なくリセット・再生・好転できる、菌たちが教えてくれた“いのちのめぐりの法則”。《発酵食と冷えとり》を日々取り入れながら体・心・ご縁……すべてのめぐりを整えていく――内から“本来のきれい”に回帰する生き方レシピを初公開。文筆家で瞑想・対話指導者の小出遥子さんとの対談「いのちのめぐり」も収録。
「『死後の意識世界』を旅して“あるがまま”の自分を受け入れた瞬間、私のすべてがめぐり始めた。そして、発酵・菌に出合い、教わった宇宙の法則。どうやって自分に不要なものを浄化し手放して、周囲と争わず互いを生かし合いながら、楽しく輝いて循環上昇していくか――このループに入れば、喜びと楽しみに満ちた豊かな進化上昇の過程しかありません。『ただ今』すぐに始められます」

ＤＶＤ＆書籍　好評発売中！

DVD ３枚組

引き寄せの法則 もっと人生☆ワクワク楽しもう！
Universal Share Project　ＤＶＤ
日比谷公会堂 9.21 & TOKYO DOME CITY HALL 10.2
出演：パム・グラウト　Happy　さとうみつろう
奥平亜美衣　LICA　FUMITO　Yakochan
本体 6,000円＋税

全米大ベストセラー『こうして、思考は現実になる』の著者パム・グラウトの日本初の特別講演をはじめ、日本の引き寄せマスターたちによる熱いソロ講演＆コラボトークなど、2015年９月21日、10月２日に開催されたUniversal Share Project主催による一大イベントの模様をＤＶＤ映像に完全収録。

46判ソフト書籍

引き寄せの法則 もっと人生☆ワクワク楽しもう！
Universal Share Project Book ①　日比谷公会堂 9.21
著者：Happy　さとうみつろう　奥平亜美衣　LICA
FUMITO　Yakochan
本体 1,500円＋税

《最速で夢を叶える》具体的アプローチを分かりやすく解説！ 著書、ブログやセミナーなどで超人気の引き寄せマスターたち６人が大集結！――日本初の「引き寄せの法則」一大イベント・セミナー Part１をライブ感覚そのままに完全収録‼ 引き寄せマスターたちが、日々実践してきたとっておきの奥義と珠玉のメッセージが満載‼

46判ソフト書籍

引き寄せの法則 もっと人生☆ワクワク楽しもう！
Universal Share Project Book ②　TOKYO DOME CITY HALL 10.2
著者：パム・グラウト　Happy　さとうみつろう
奥平亜美衣　LICA　FUMITO　Yakochan
本体 1,500円＋税

《望む現実を加速させる》最重要ポイントがずばりわかる！　全米 NO.1 大ベストセラー作家パム・グラウトと日本の引き寄せマスターたちによる夢のコラボレーション！――日本初の「引き寄せの法則」一大イベント・セミナーPart２をライブ感覚そのままに完全収録‼　「ＵＳＰ誕生秘話」漫画も特別掲載‼

ヒカルランド　好評既刊!

地上の星☆ヒカルランド　銀河より届く愛と叡智の宅配便

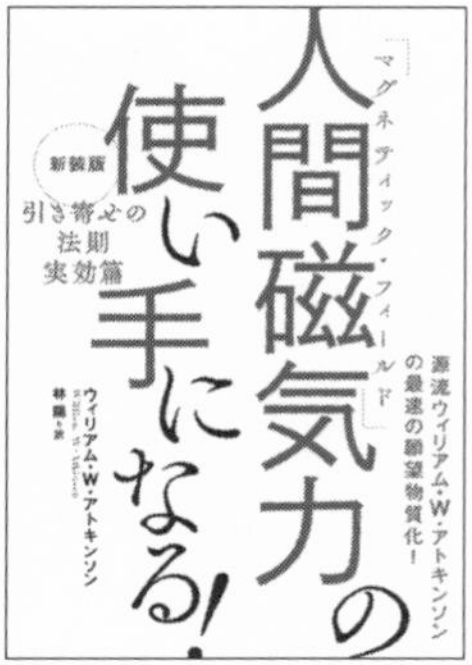

新装版『引き寄せの法則 実効篇』
人間磁気力（マグネティック・フィールド）の使い手になる!
著者：ウィリアム・W・アトキンソン
訳者：林 陽
四六ソフト　本体 1,333円+税

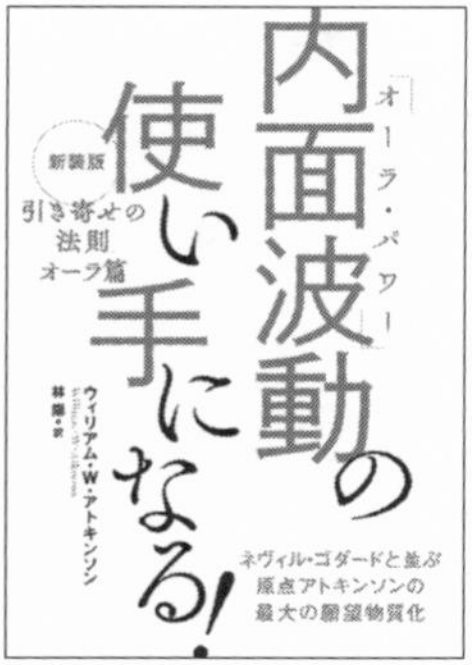

新装版『引き寄せの法則 オーラ篇』
内面波動（オーラ・パワー）の使い手になる!
著者：ウィリアム・W・アトキンソン
訳者：林 陽
四六ソフト　本体 1,333円+税

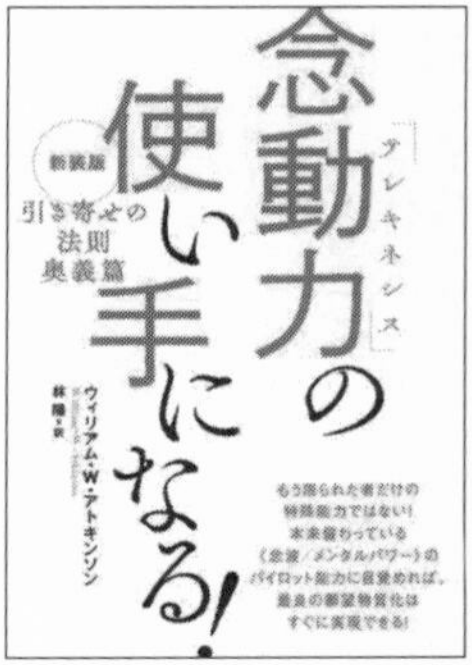

新装版『引き寄せの法則 奥義篇』
念動力（テレキネシス）の使い手になる!
著者：ウィリアム・W・アトキンソン
訳者：林 陽
四六ソフト　本体 1,500円+税

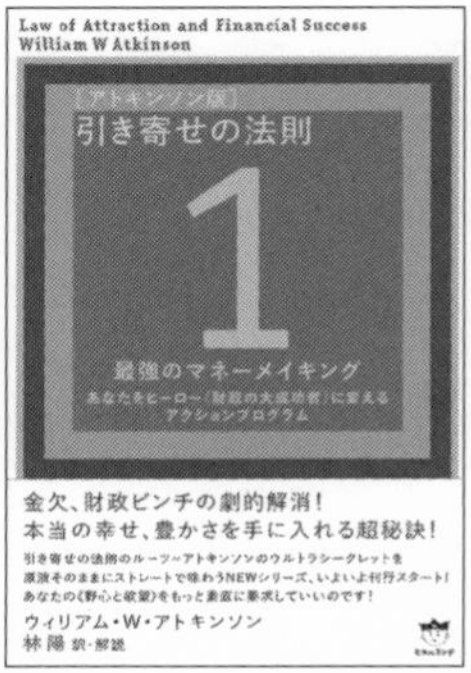

最強のマネーメイキング
［アトキンソン版］引き寄せの法則1
著者：ウィリアム・W・アトキンソン
訳者：林 陽
四六ハード　本体 1,900円+税

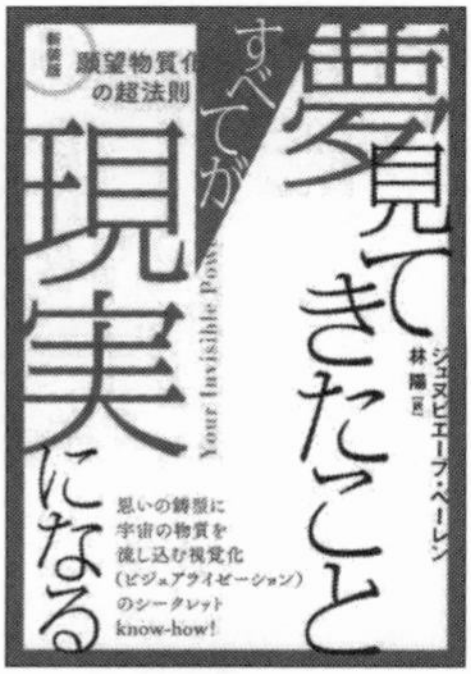

新装版 願望物質化の超法則
夢見てきたことすべてが現実になる
著者：ジュヌビエーブ・ベーレン
訳者：林 陽
四六ソフト　本体 1,444円+税

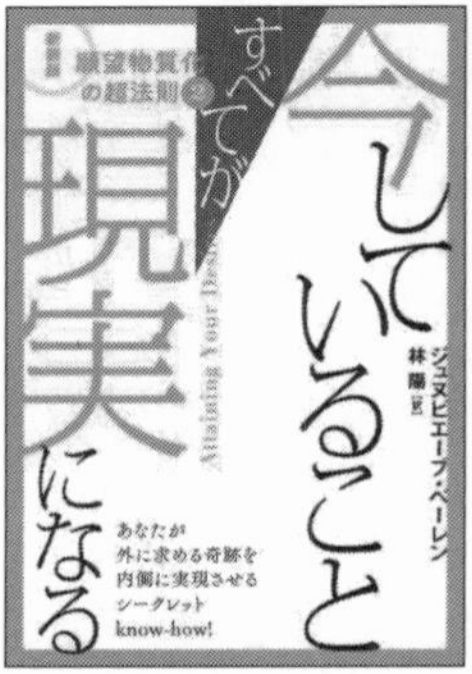

新装版 願望物質化の超法則②
今していることすべてが現実になる
著者：ジュヌビエーブ・ベーレン
訳者：林 陽
四六ソフト　本体 1,500円+税